JN411017

삶은, 풍경이라는 거짓말

삶은, 풍경이라는 거짓말

김기연 산문집

맥스media

피는 꽃이,

지는 꽃이,

이미 떨어진 꽃이,

저 붉고 노랗고

푸른 것들이,

바람과 생명과

풍경 속에

서 있던

삶과 사랑이

기어이 나를

불러 세워

어렴풋이 이야기를

들려주었다.

풍경이 그냥 풍경일 리 없다.

내가 그냥 내가 아니듯.

내 앞에 펼쳐진 그것은 풍경으로서의 나 자신이고 길이고 사랑이고 아픔이고 슬픔이며, 하찮음이고 부질없음이고 깨닫거나 깨닫지 못하는 세계이며, 두리번거림이고 명확이고 명확하지 않음이고 겉이자 속이며, 품이고 품 밖이며 꿈이고 현실이며 실재이자 비실재이며, 현존하는 것이면서 부재의 것이고 관계의 거리고 관계가 무너진 상실의 접경지대고 벼랑이자 들판이며, 희망이고 절망이고 낯섦이고 익숙함이고 고독이고 떠남이자 돌아옴이고 무너짐이고 회복이고 불현듯이고 어느덧이다.

나는 여행을 다녔다기보다는 예상할 수 없는 것들과 마주 서서 언어를 생략한 대화를 나눔으로써 내 삶을 둘러싼 것들에 대해 사소하게, 가만히 들여다볼 마음을 얻었다. 그 가운데서도 먼저 내 눈에 띈 것은 아픈 사랑과 마음들이었다.

아프게 했던 내 사랑과 사람들에게 미안하다. 지나간 사랑을 내 손으로, 내 마음으로 치유해줄 방법이 내게는 없다.

삶이라는 계절의 사이에서 누군가를 만나 그에게서 그 상처를 치유받을 것이고, 나뭇가지에 걸린 채 퍼덕거리던 비닐이 자유를 얻어 제 갈 길을 찾아가듯. 그렇게 각자의 길로 들어설 것이니.

부디, 용서하라. 계절이여, 사랑이여, 풍경이여.

그대들 속에 내가 들어 있었으니 탓할 이유가 없다.
내가 그 계절이며, 그 사랑이고, 그 풍경이었으니.

수만 가지 봄이 지나가는 어느 계절의 사이에서
김기연과 삶과 사랑이 쓰다.

글의 순서

풍경의 유혹

사랑의 그림자

삶의 표정

풍경의
유혹

나의 하루와 섬 하나의 무게는?

1

내 하루의 무게를 저울에 달면

웹사이트 화면에 무미건조한 검은 고딕체 얼굴로 박혀 있던 숫자, 365. 행정 구역상 여수시에 속한 섬의 개수다. 예상한 것보다 훨씬 많았다. 한 도시가 품은 섬의 수와 일 년이 지닌 날의 수가 비밀이라도 직조하듯 교차되면서 나를 설레게 한다. 어쩌면, 비밀이 많은 도시일지도 모른다. 마음은 벌써부터 그것을 파헤치고 싶어 달싹거린다.

하루들이 쌓여 한 달, 일 년, 십 년, 평생이 되듯 섬들도 인간의 개념으로는 선뜻 가늠하기 어려운 수만 년의 시간과 그 시간의 무게를 묵묵히 횡단하고 있을 것이다. 소소한 무엇이 위대해지기까지 긴 시간과 견딤이 필요하다. 그렇다면, 섬은 제 생의 무게를 어떻게 견뎌왔을까?
셈하기도 무색한 섬의 시간 앞에서 내가 살아낸 세월은 압축파일로 묶은 듯 간단명료하다. 우리 생이 종잇장처럼 얄팍하니 애초부터 비길 대상이 아니다. 생이 그렇게 얄팍함에도 불구하고, 우리는 한순간의 격정과 혼돈, 한 시절의 상처로 얼마나 힘들어했던가. 그것이 제 삶의 전부인 양 그러고 살고 있다. 때로 나쁘고, 더러 좋고, 대부분은 예사스러운 일들로 채워졌고 채워질 생. 정작 그 생의 마지막 날에 다다라서는 아프지도, 슬프지도, 울음이 나지도 않을지 모른다. 더는 기대할 것도, 기대할 수도 없으니

존재한다는 건, 시간의 궤적을 오롯이 밟고 넘어가는 행위와 다르지 않다. 산다는 건 각자에게 허락된 시간의 블록을 쌓아 완성하는 장난감 놀이 같은 것이면서, 시간을 초 단위로 '딜리트' 하는 비움의 과정이다. 그렇기에 삶은 쌓으면서 허물고, 허물면서 쌓는 행위다. 단 일분일초도 빠짐없이, 모조리 지나가야만 한다. 이것을 숙명이라고 그러던가. 삶이라는 드라마에 출연 중

인 '인간'에게는 시간의 필름을 잘라내는 일이 허락되지 않았으니.

'하루'라는 시간이
어떻게 우리 생의 일부면서 삶 전체를 지탱하는 것일까.

생을 잠시 떠받치고 어제가 될 하루를 섬 하나와 견주는 건 지나친 비약일지 모른다. 우리는 도무지 이해할 수 없는 상식과 상태로 구조화된 세계에 뿌리를 내리고 사는 유한한 존재이니 말이다. 그런데도 모두들 의심도 없이 삶에 매혹당한 듯 앞만 보며 아등바등 살아간다. 하루하루를 애써 소진시키려는 듯이.

해안 도시로 내려온 삼월 첫날, 나는 그 많은 섬들 중 돌산도로 올라섰다. 향일암으로 가기 위해서지만 가려는 이유에 대해서는 알지 못한다. 마음이 이끄는 대로 움직일 따름이다. 섬에 서니 섬의 일부가 되었다. 아니, 애초에 나나 당신이나 모두 섬이었던 것 같다. 어느 시인의 말처럼 사람들 사이에 섬이 있는 것이 아니다. 사람이 섬이다.
풍경이 차창에 어여쁘게 걸려 있다. 바다 위 하얀 부표와 그물들은 세상에서 가장 가벼운 영혼인 양 둥둥 떠다니고, 바닷가 외딴 슬래브집에 널린 빨래는 햇살에 반짝이며 광고 속 셔츠만큼이나 비현실적으로 희고 선명하다. 이렇게 믿기지 않는 빛깔이 있듯이 우리 삶 또한 믿기지 않는 방식으로 살아지기도 한다.

이른 시각에 일어난 탓인지 머릿속은 유행 지난 휴대폰같이 멈칫, 머뭇거리다가 얼버무린다. 이런 날은 커피가 간절하다. 직접 내린 핸드드립 커피면 더할 나위 없이 좋으련만 도구들은 집에서 휴양 중이다. 옆에 없으니 얄궂게 간절하다. 간절함은 이렇듯 곁에 없을 때 야무지게 본색을 내보인다.

해돋이 명소이자 기도발 잘 받는 곳으로 알려진 향일암은 이 섬의 막바지에 봉긋 솟은 금오산 중턱에 있다. 암자는 바다를 향해 앉아 있다. 푸르스름한 새벽을 뚫고 돌산대교를 건넜다. 바다를 끼고 한참 달리다가, 마을이 내려다보이는 곱창 같은 산길을 지나니 향일암휴게소다. 차에서 내리자 바람이 도발한다. 춥다. 셔틀버스를 탈지 걸을지 고민하다가 그냥 걷는다. 봄이니까. 볕이 좋다. 바다가 민트색 박하사탕처럼 곱다. 침이 고인다. 저 빛깔을 입안에 넣어 혀로 살살 녹여 가며 맛을 보고 싶다.

짠맛? 아니면 알싸한 박하 맛? 삶처럼 꽤나 변덕스러운 맛일지도.

산허리에 즐비한 동백꽃이 새초롬한 얼굴로 바다를 고찰하고 있다. 그렇다, 단순한 응시일 리 없다. 다른 세계에 대한 숭배와 외경을 품고, 삶의 무게를 제 맨몸으로 지탱하는 자의 눈빛이다. 삶이 가벼울 리 없다고 주장하는 붉은 눈빛이자, 무겁기에 세상의 가벼운 것들이 부럽다고 얘기하는 노란 입술이다.

불현듯, 잊히지 않았으나 떠오르지 않는 당신의 눈빛이 그립다.

무거운 삶에도 한없이 투명하고 가벼웠던 그 눈빛, 농담 같은 눈짓을 찾아 바다를 살핀다. 푸른 빛깔에 눈이 시리다. 눈물 같은 것이 맺혔다가 바람에 지워졌다.

2

나는
누군가에게
따뜻한 국밥이었던가?

어둠이 빛을 꿀꺽 집어삼켰다. 모자에 비둘기를 감추듯 감쪽같다. 불과 몇 분 전만 해도 햇살이 완만한 기울기로 가로수 윗부분을 불그스름하게 비추고 있었다. 어둠이 빛을 제압했다고도, 빛이 어둠과의 영역 싸움에서 우위를 차지했다고도 할 수 없는 순간이었다. 어디에도 속하지 않은 팽팽한 균형의 시간이 그 순간에 있었다. 그들이 하루에 두 번씩 치르는 경건한 교대식 같은.

무슨 생각에 사로잡혀 있었던 것일까? 퍼뜩, 정신을 차리고 보니 빛이 어둠에 잠식당한 채로 맥을 놓은 뒤였다. 자동차는 이미 헤드라이트를 켜고 있었다. 저 멀리 어둠 속에 집과 마을이 있다고 알려오는 건 깜박이는 불빛들이었고, 그것들이 나를 안도시켰다. 온기를 좇아 들어가면 어머니가 '어서 씻고 밥 먹자.' 할 것 같고, 친구가 '먼 길 오느라 수고했다.'며 손을 내밀 것만 같았다.

세상이 어두워지고 불빛이 하나둘 켜질 때, 길에 선 여행자의 마음은 흔들린다. 그림자마저 홀로 외롭기 때문이다. 돌아갈 곳이 있어 두렵지 않다는 독백마저도 위태로워지는 저녁이 그렇게 내게도 왔다.

막 도착한 송광사 아랫마을도 어둠에 갇혀 있다.

칠흑이다. 가끔 인생에도 이런 날이 찾아올 때가 있을 것이다.

누군가 곁에 있었으면 하는 상념이 헛헛한 마음 사이로 파고든다. 책갈피 사이에서 불쑥 나타난 빛바랜 사진처럼 그립지도 아니한데 해묵은 옛사랑이 떠올라 마음을 긁어대는 그런 날 같다. 이런 날이면 뜨거운 국물에 밥 말아 후후 불어가며 먹고 싶다.

새벽에 산사로 올라갈 참이다. 환히 불 밝힌 식당을 보니 반갑기까지 하다. 식당에 들어가니 손님은 나뿐이다. 저녁을 먹으며 식당 주인 내외와 홍겹지도 않은 이야기를 홍겨운 목소리로 나누고 그들이 일러준 숙소로 갔다. 수학여행 때나 만났을 법한 여관이었다. '그나마 거기가 제일 깨끗하다.'는 추천의 말이 무색하게 믿기지 않는 장면을 연출하고 있었다. 비수기고 평일이어서 그런지 인기척이 없다. 방은 쿨럭거리며 빛바랜 세월을 제 몸으로 말해주었다. 시간에 절은 누추한 방이었지만, 아늑한 구석이 있었다. 눈을 감고 하루를 들춰보다가 잠이 들었다.

침대는 삐걱거리며 자신의 늙음에 대해 하소연했고, 나는 깊이 잠들지 못했다. 일어날 시간이 되었으나 몸은 뿌드드했다. 물 한 잔을 들이켜고 밖으로 나섰다. 새벽의 공간은 아득한데 새들의 목소리는 정오처럼 명랑하다. 이른 시간인데도 사람들 몇몇이 오르내린다. 문을 닫아건 상점과 식당들을 지나쳐 느긋한 걸음으로 일주문 방향으로 향한다.

달그락거리는 소리에 걸음을 멈췄다. 행방을 좇으니 조그만 공방에서 새어 나오는 것이었다. 소리를 찾은 그곳에 내 시선을 사로잡는 것이 있었다. 문에 붙어 있는 한 장의 한지. 가까이 다가가 살피니 벗이 보내온 편지다. 짧고 투박한 문장들에 정이 듬뿍 담겨 있다. 국밥보다 더 뜨겁게 헛헛한 마음을 달래주는 순간이었다.

좋은 친구의 기준은 무엇인가? 생텍쥐페리의 「어린 왕자」에서는 친구가 되기 위해서는 충분한 기다림의 시간, 약간 떨어져 바라보는 시선, 둘 사이의 책임 그리고 다름을 인정하는 거라고 했다. 그렇다. 친구는 땅 위에 살짝 내려앉은 꽃씨와 같아서 흙으로 덮어주고 물과 바람, 햇빛을 온전히 주어야만 친구로 돋아난다.

사랑이나 사람 관계도 다를 바가 없다. 조금만 소홀해져도 스멀스멀 관계의 허벅지가 약해져서 허물어지고 주저앉는다. 저절로 굳건해지는 건 관계에 존재하지 않는다.

내 삶 속에 뿌리내렸던 관계가 영사기 속 필름처럼 휙휙 돌아간다. 나는 곧 불편한 진실과 마주친다. 그들의 기쁨에 충분히 기뻐했던가, 슬픔과 아픔을 내 것처럼 감싸 안았던가. 아니다. 이기적인 나는 늘 대충이었다. 구렁이 담 넘어가듯 그렇게 슬쩍슬쩍 몸을 빼며 살았다. 노력과 믿음만이 서로를 향한 최소한의 예의고 신뢰란 걸 알면서도 그것을 지키기는 말처럼 쉽지가 않다.

오늘 같은 날, 좋은 친구와 함께 뜨거운 국밥을 먹고, 길을 걸으며 감춰두었던 속내를 솔직하게 나누면 좋겠다.

부르면 언제든 달려와줄 친구는 이제 드물다. 모두 바쁘다. 먹고 사느라 지쳐서 이 먼 곳까지 올 기력들이 없다. 모든 것이 누추해지는 시절이다.

3

선택과 집중,
그 사이에 서서

나무는 이미 선택과 집중을 몸으로 체득했다. 봄이면 무수한 꽃을 피우지만 시련과 단련의 시기를 거치며 약한 꽃과 열매는 가차 없이 버린다. 그렇게 차별 없이 솎아서 꽃과 열매의 촘촘한 사이를 넉넉하게 만든다. 아프지만 버려야 하는 결단이 필요하단 걸 나무는 언제쯤 알았을까?

내 첫 카메라는 비쌌다.

떨리는 손으로 지갑을 열어 한 달 치 월급을 몽땅 주고도 부족해서 신용카드까지 긁어야만 했다. 고작해야 친구의 똑딱이 필름카메라로 단체 사진을 찍어본 것이 내 사진 이력의 전부였던 시절이었다. 그런 내가 무자비하게 비싼 카메라를 산 건 순전히 직장 상사 때문이었다.
졸업과 동시에 광고회사에 입사했다. 고대하던 카피라이터가 되었다는 기쁨도 잠시, 툭하면 직속 상사와 의견 충돌을 빚었다. 공들여 쓴 광고 문안은 그의 손에 찢겨져 휴지통으로 날아가기 일쑤였고, 같은 카피를 숱하게 반복해서 쓰는 굴욕을 겪었다. 스트레스는 극에 달했고 결국 참을 수 없는 지경에 이르렀다. 월급을 받자마자 그길로 카메라샵이 있는 남대문으로 달려갔다. 뭔가 저지르지 않으면 견딜 수 없을 것 같았다. 가당치도 않은 물건이 그렇게 충동적인 몸짓을 통해 내게 들어왔다. 그 뒤로 주말이면 어김없이 카메라를 메고 궁이며 공원을 쏘다녔다.

닥치는 대로 셔터를 눌렀다. 피사체가 괜찮다 싶으면 카메라를 들이댔고, 무엇을 찍고자 하는지도 모른 채 쉴 새 없이 찍었다. 그러던 어느 날, 친분이 있던 사진작가가 내게 이런 말을 했다.

"사진을 배울 때는 많이 찍는 것이 잘 찍게 되는 최선의 방법이다."
그 말은 위로인 동시에 사실이었다. 여러 번 셔터를 누를수록 실력은 눈에 띄게 늘었다. 그러나 많이 찍는 것만큼 무엇을 찍을 것인가에 대한 고민이 절실했던 때였다.

작품을 찍으려면 자신이 정한 주제에 적합한 피사체를 선택하고, 그 대상을 가장 명쾌하게 표현할 수 있는 구도를 잡아야 한다. 그런 다음 최적의 노출을 선택한 뒤 카메라가 흔들리지 않도록 호흡을 멈추고 부드럽게 셔터를 누르면 된다. 피사체의 포착은 내 안에 잠재되어 있던 목적의식이 찰나에 발현되는 과정이다. 피사체를 선택하고 구도를 결정하여 찍는 모든 과정은 순식간에 벌어진다. 보이는 걸 마구잡이로 찍는다고 해서 좋은 사진을 얻는 건 아니다. 내 앞에서 사진을 찍어 달라고 유혹하는 봄날을 고스란히 품으려면 선택과 집중이 필요하다.

뜬금없이, 자주 그리고 우연히, 우리는 선택과 집중의 상황에 놓인다. '선택'은 여럿 중에서 하나를 택하는 것이고, 그 하나에 온 마음을 모으는 일이 '집중'이다. 평범함 속에서 독보적인 것을 선택하는 일은 어렵지 않다. 그러나 어슷비슷한 것 중에서 최선이나 최고를 택하는 일은 애매한 질문에 명확한 답변을 해야 하는 것처럼 어렵고 힘들다.
선택이란 하나를 고르는 일이지만 하나씩 버리는 행위기도 하다. 버리지 않고서 뭔가를 선택할 수 없다. 그런 뒤 선택된 하나에 집중함으로써 최상의 결과를 이끌어낼 수 있다. 하지만 선택은 각자의 몫이다.

능선 위 바위에 한 사내가 있다. 무거운 삼각대와 카메라를 짊어지고 산을 오르느라 땀 좀 뺐을 것이다. 좋은 풍경을 담기 위해 삼각대를 세우고 카메라 파인더로 구도를 잡고 있다. 만발한 매화 사이에서 사진을 찍는 그가 내게는 훌륭한 피사체다. 나는 진심을 다해 그를 향해 셔터를 누른다.

볕이 뜨겁다. 긴 소매를 걷어붙이고 셔츠의 단추도 하나 더 푼다. 바람이 파고들며 이른 더위로 달아오른 몸을 식혀준다. 뜨거움이 식으니 마음이 느긋해진다.

바람이 싣고 오는 내음, 따스한 온기, 땅의 부드러운 감촉과 같은 느낌들을 어떻게 사진에 담을 수 있을까? 이것들은 단순한 피사체가 아니다. 오로지 마음으로만 찍고 품을 수 있는 피사체다. 몸으로 들어온 이 느낌들은 한동안 내 안에 녹아 있다가 어느 순간, 알 수 없는 방식으로 자연스레 몸 밖으로 쏟아져 나올 것이다. 그렇기에 사진으로는 담을 수 없는 느낌과 감정들을 몸 안으로 가져오는 건 셔터를 누르는 일보다 떨리는 몸짓이다.

봄은 가능성을 피워 올리는 계절이다. 그러니 모든 가능성을 부풀려야 한다. 지난날 스트레스를 풀기 위해 무턱대고 셔터를 누르던 나처럼 말이다. 그런 뒤에야 뭔가가 폭발하듯 피고 터지는 시절이 올 것이다.

사내가 장비를 챙겨 산을 내려간다. 그는 말이 아닌 몸으로 선택과 집중을 가르쳐준 좋은 스승이다.

4

고인돌 옆구리에 매달려 사는 것들

여자의 목소리는 지루했다.

그러나 그녀는 한 치의 오차도 없이 우리를 목적지로 이끌었다. 내비게이션 속 여인이 인도하는 곳은 쌍봉사다. 신라 시대 최고의 석탑 양식으로 꼽히는 국보 제57호 철감선사탑과, 3층 목탑 형식으로 독특한 모양의 대웅전이 있는 곳이다. 이국적이라는 표현이 맞춤일 정도로 낯선 풍경이 인상적이다. 오늘은 나의 사진 스승과 선배 두 명이 출사 겸 나들이를 위해 함께 나섰다. 바람이 불지 않는 바깥은 여름인 양 후끈 달아올랐다. 창을 내리고 달리면 찬바람이 들이쳤고, 닫으면 차 안은 금세 찜통이 되어 곤란스러웠다. 쌍봉사로 가는 주된 이유는 봄볕을 즐기러 나온 다람쥐를 사진에 담으라는 선생님의 특명 때문이었다. 겉으로는 속내를 내비치지 않았지만 '수많은 피사체 중에 왜 하필이면 다람쥐인가.'라는 의문이 스멀스멀 머릿속을 기어다녔다. 내 마음을 아는지 모르는지 선배들의 얼굴은 얄밉게도 봄빛이다. 낄낄거리며 희희낙락 봄에 빠져들고 있다. 사내들의 수다는 계절을 타지 않는다.

주암호를 끼고 달리다가 마침 등장한 고인돌공원에 차를 세웠다. 미련 없이 앞만 보고 가기에는 차창 밖이 지나치게 화사하다. 모두들 생전 처음 만나는 봄이라도 되는 것처럼 쏘다니며 햇살을 빨아들였다. 공원에는 수십 기의 고인돌과 원시시대에 있었음직한 움막들이 구릉을 따라 웅크리고 있었다.

고인돌 앞에 섰다. 거대한 바윗덩이는 보는 것만으로도 무겁게 느껴졌다. 저 누워 있는 자들에게 묻고 싶었다. 죽어서까지 무거운 바위를 지고 있는 까닭에 대해서. 그러나 그들은 입이 무겁다. 그저 그들 곁에 선 동백나무만이 붉고 노란 눈물을 뚝뚝 떨어뜨리며 그의 오래된 죽음을 애도하고 있다. 그런데, 신기한 것이 눈에 들어왔다. 고인돌 옆구리마다 싹이 돋고 있었다. 어찌하여 죽은 자들의 땅에 푸른 생명이 거침없이 밀고 나오는가 싶었다. 넓고 편한 터는 제쳐두고 하필이면 거무데데하고 오래된 무덤 곁에 터를 잡았을까.

쪼그려 앉아 내 시선이 아닌 그들 높이로 주변을 더듬는다. 그들에게 바위 곁은 척박한 땅, 거친 환경이 아니다. 햇빛도 잘 들고 바람까지 피할 수 있는 명당이다. 제 삶에 딱 어울리는 곳임을 저 생명들은 오랜 경험으로 터득했을 것이다.

잘 살 수만 있다면, 그곳이 무덤 곁이면 어떻고 들판이면 어떤가.

환경이 삶의 모양을 바꿀 수는 있어도 뜨거운 의지를 꺾기는 어렵다. 칼날 같은 추위를 견디고서 봄을 맞는 생명의 눈빛과 다부진 의지를 보며 우습게도 우리가 얼마나 나약하고, 불완전한 존재인지를 깨닫는다. 조금만 힘들어도 엎어지고 자빠지는 나는 한없이 허약한 온실 속 화초와 같다. 작은 변화에도 위기를 맞닥뜨린 것처럼 위태위태하다. 물을 조금만 늦게 줘도 이내 시들시들 죽음의 기색을 보이는 화분 속 식물만큼.

우리의 뿌리는 정신이고 마음이다. 이것이 깊고 단단하게 뿌리내리면 냉혹한 현실에도 쓰러지지 않도록 자신을 부여잡을 수 있다. 쉽사리 허물어지지 않는 단단한 가치관과 긍정적인 삶의 태도가 필요하다. 그러나 쉽고 편리한 현대의 삶은 우리를 허약한 정신 위에 세우려 든다. 아무리 시대가 풍요로워진다 하여도 생의 뿌리가 흔들리면 쉬이 쓰러질 수밖에 없다. 사소한 일에도 견디지 못하고 털썩 주저앉는다.
약해빠진 내 정신이 새삼스럽지도 않다. 조금만 긴장을 늦춰도 허물어지는 연약한 세계가 정신과 마음이다.
달콤하지만 금세 녹아서 저를 잃어버리는 아이스크림처럼.

시련을 딛고 일어선 이들이 삶을 대하는 태도와, 한겨울을 이겨낸 저 어리고 여린 것들의 생명력을 동의어로 여기면 안 될까? 자연은 언제나 우리에게 가르침이고 삶의 반추이니.

나는 자연보다 훌륭한 스승을 본 적이 없다. 그럼에도 익숙하다 여겨서 자연이 내보인 뜻을 허망하게 놓친 경우가 많았을 것이다.
다람쥐를 찍으라 했던 스승의 속뜻이, 어떻게 하면 바지런하고 날랜 피사체를 멋지게 포착할 수 있는가를 가르치려 했던 것임을 미처 몰랐듯이.

5

사소한 것들의 사소하지 않은 사연들

지난여름, 바람마저 숨죽인 열대의 어느 오후였다. 작업실 앞 감나무에서 그가 뛰어내렸다. 그 순간 세계가 울렁거렸거나 울컥거렸다. 분명, 그랬다. 보았다기보다는 감지했다고 하는 것이 옳겠다. 미동도 않던 세계에서 작은 움직임은 중력보다 더 강한 힘으로 모든 것을 끌어당겼다. 그 찰나에 어째서 내 시선이 그리 갔겠는가? 그 힘에 이끌렸기 때문이다. 우연이라 하기에는 그 끌림이 예사스럽지 않았다.
그는 기척도 없이 몸을 비틀며 고꾸라졌다. 차 일 초도 걸리지 않았다. 떨어지는 상황 앞에 내가 있었으므로 자신의 마지막 순간을 지켜봐주길 원했거나 아니면, 애초에 그가 지목한 최후의 목격자가 나였는지도 모른다.

나는 바닥에 널브러진 그에게 갑자기 생을 놓은 까닭을 물어보고 싶었다. 어째서 그리 놓았느냐고. 단지 삶이 힘들었다거나 지루해서 그랬다고는 믿지 않는다. 타인에게는 결코 예측할 수 없는 사연이 있는 법이니. 그날의 투신을 통해 그가 말하고 싶었던 것이 무엇이든 나는 그의 뜻을 이해하지 못한다. 나는 그저 그에게 낯선 타자일 뿐이고, 그 목격이 우연히 마주친 시선에 불과하다고 여기고 있으니 말이다. 그럼에도 그의 낙하는 내게 오래도록 기억될 것 같았다. 목도한 그 순간에 이미 사소하지 않게 되었으므로.

사소하지만, 사소하지 않다고 말하는 것이 진정 옳을까?

몇 해 전, 나는 실수를 저질렀다. 당신은 그것을 견딜 수 없어 크게 상심했다. 그때 알았다. 한 사람의 상심이 세상을 흔들 수 있다는 것을. 상심한 마음은 위태롭다. 어딘가에서 어떤 일을 벌일지 모를 위험한 것이기에. 사소한 사연이 존재와 관계를 집어삼켜 엉망진창으로 만드는 이유가 된다는 걸 종종 목도했다. 그러나 시간이 지나면서 잊혔다. 그러다가 어떤 사건으로 그 사실을 마치 어제 일처럼 기억해냈다. 삶은 그렇게 사소하게, 사소하지 않게 반복하며 살아가는 것이다.

사소함, 그 속에는 사소할 수 없는 사연이 담겨 있다.

오늘 우연히 그가 있는 곳을 지나게 되었다. 절집 대들보가 되어 서 있는 그는 세월이 굵은 금강송이다. 그를 어디서 어떻게 가져왔을까? 나이만 따지자면 나보다 몇 곱절은 더 살았을 생이다. 온갖 풍파를 겪은 듯 얼굴에는 깊고 굵은 주름이 결을 따라 가득 번져 있다. 살다 보면 자꾸만 틈이 생긴다. 어수룩해지고 실수도 늘어난다. 그러나 틈은 그의 잘못만은 아니다. 오래된 생이 지닐 수밖에 없는 가볍지만 위중한 문제 중 하나다.
처음에는 그냥 지나칠 뻔했다. 틈을 채우고 있는 노란 흙이 없었다면 그랬을지도 모른다. 사소한 틈이지만 채워진 노란 빛깔은 결코 사소할 수 없는 마음이다. 더 커지지 말라고, 아픈 것들이 들이차지 말라고 그 틈을 싸매는 손길이다. 그 모든 것이 고왔다. 마음이 행동으로 옮겨질 때 사소함은 이미 사소함을 넘어선다.
틈을 채운 빛깔이 내 눈을 사로잡았을 것이고, 그 마음이 가던 걸음을 멈춰 세웠을 것이다.

몸에 황토를 약처럼 바른 그를 오래도록 보고 쓰다듬는다.
내게도, 당신에게도 비록 흉터는 남기겠지만 저렇듯 곱게 치유된, 혹은 치유되고 있는 상처가 있으려나.

그제야 심한 허기를 느낀다. 뭘 먹을까. 지난번 여수 시청 근처 지하 식당에서 여럿이 함께 나눠 먹었던 연포탕이 떠오른다. 왔던 길을 되짚어 그곳으로 가야겠다. 뜨거운 국물과 낙지를 후후 불며 소주 한 잔과 곁들여 먹어야겠다. 그 맛에 사로잡히고 싶다.

낙지로 만드는 연포탕이 왜 맛있는 줄 아는가? 거무칙칙하고 못생긴 내장 때문이다. 그런데 맛난 그 내장은 무거워서 언제나 냄비 바닥에 가라앉아 있다. 모르는 사람 눈에는 잘 띄질 않는다. 먹어본 사람만이 길바닥을 긁어 먹는다.

사소한 일에 지문처럼 지워지지 않는 삶의 이유가 있다면 그건 운명이다.

6

꽃잎에게라도
길을 묻고 싶은 날

달팽이처럼 산을 내려온다. 부유하던 상념이 사라지고 평온해진 모양이다. 가장 멋진 삶은 행복해지거나 아름다워지는 것이 아니라 평온해지는 일이다. 어쩌면…….

기대와 호기심을 채울 작정으로 앞만 보고 올라갈 때와 그 작정한 마음을 소진하고 내려올 때의 감정이 같을 리 없다. 비운다는 건 이런 것이다. 써서 없앴을 때야 욕망이 사라져 모든 것으로부터 자유로워진다. 그런데 어떻게 하면 소진하지 않고서 그것들로부터 진정 자유로워질 수 있을까?

누구든 욕망이나 감정의 영향권 속에서 살아간다. 그러니 행복의 기초인 감정이 머리에 올라타 제멋대로 굴지 않도록 다스려야 한다. 휘둘리는 순간, 으르렁거리며 뭐든 집어삼키는 괴물로 변하게 된다.

느릿하게 내려오니 마주치는 것이 많다. 바위 사이에 핀 꽃, 무더기로 돋아 수군덕거리는 풀들, 지난여름 매미가 벗어놓고 간 허물, 아직도 생의 방향을 찾지 못해 여울목에서 뱅글뱅글 도는 낙엽, 흙 밖으로 제 그리움을 내보이고 있는 뿌리, 풀숲에서 생의 가려움을 부스럭부스럭 긁는 소리, 삶이 바람 같다고 대만 남긴 채 흔들리는 마른 풀의 긴 그림자…….

나는 산처럼 많은 걸 품고서 살 자신이 없다. 어떤 것들이 내 안으로 몰려와 복작거리면 견디지 못하고 밖으로 밀쳐내고는 했다. 설령 그것이 사랑이라고 할지라도 거북하고 불편하면 그 고통으로부터 달아났다. 사랑도 버렸다. 내가 원하는 대로 되지 않으면 손 놓고 끝이 나길 기다리거나 일찌감치 포기해버렸던 것이다. 때로는 타인이 나를 그렇게 밀쳐낸 적도 있다. 삶이 그렇듯 사랑마저도 그리 호락호락하지 않다.

작은 것 하나가 사람을 뿌리째 흔든다. 제아무리 좋아도 어색하고 부자연스러우면 스스로 어깃장을 놓으며 그것과 불화를 겪는다. 불화는 부조화로부터 발화된다. 산이 모든 것을 보듬을 수 있는 건 제 밖의 삶을 온전히 인정하여 숙명처럼 받아들이기 때문이다. 자꾸만 속을 파헤치려는 계곡도, 깊은 곳까지 뿌리내려 묵은 감정을 길어 올리려는 나무도, 원하지 않았는데도 여기저기에 터를 잡고 사는 풀들과 짐승들도, 슬며시 다가와 마음의 가지를 흔들고 가는 안개도, 서리도, 나비도, 벌도, 바람도, 비도, 눈도, 어둠도 조용히 품어서 제 것인 듯 감싼다.

산처럼 잘 품고 싶다. 그 품은 것들에 휩쓸리지 않고서 살아갈 수만 있다면.

봄빛이 도시의 별처럼 드문드문 박혀서 숲은 여전히 푸석하다. 그때 초록빛 더미가 멀리서 내게 손짓한다. 바투 다가가 보니 스님들 찬거리로 심어 둔 봄동이다. 봄이면 재래시장에서 이 푸른 것을 사다가 먹었다. 씹으면 아삭거리는 소리와 함께 푸른 힘이 내게로 들어와 불온한 심신을 치유하는 느낌을 받곤 했다. 그러니, 봄동은 내 안에 푸름을 가득 채워 몸을 다스리는 약인 셈이다.

그들을 가만히 살핀다. 봄날의 변덕스러움에도 낯빛이 맑다.
아침마다 나는 거울에 비친 나를 본다. 살아 있음을 확인하는 거룩한 일이지만 진실과 마주하는 불편한 순간이기도 하다. 그러니 아침마다 마주쳐야 하는 푸석하고 칙칙한 나와는 달리 저리 싱싱한 봄동에게 질투가 안 나고 배기겠는가.

거울을 볼 때마다 하루만큼씩 나이를 먹어 늙어가고 있는 걸 깨달았다. 낯선 변화가 점차로 익숙해져서 어느 순간에는 하소연도 하지 않았다. 많은 것을 시샘하고, 스스로를 탓하며 살았던 시절도 있었다. 지나고 보니 그것들마저도 덧없다는 걸 알았고, 무표정하게 잊혔고, 그 틈을 타고 의미조차 잃어버렸다. 불온한 내 삶과 달리 뭔가 새롭고 활기찬 존재를 만나면 돋았던 질투가 나이를 먹고 보니 내게 좋은 감정이고 쓴 약이라는 걸 알게 되었다. 나를 다시금 일으켜 세우고 치유하려는 본능이고 힘이니 그러하다. 저 거친 듯 싱싱한 존재에게 나는 질투를 느끼고, 그 반발로 더 생생하게 존재하기 위해 애쓴다.

머리만 굵었지 아직도 철부지인 내게 봄동은 내 인생의 조언자로서 충분한 자격을 갖췄다. 하얀 이마를 맞대고서 어찌하던 매서운 인생의 겨울을, 혹독한 시련을 이겨낼 수 있느냐고 그에게 질문한다. 그는 온기를 품은 바람을 향해 끄덕거릴 뿐 묵묵부답이다.
초록 잎과 흰 줄기는 밤낮의 심한 일교차도 거뜬히 이길 만큼 두툼하다. 몰아쳐오는 바람을 견딜 수 있을 만큼 단단하다. 그 모든 것들을 이긴 봄동은 쓰지 않고 달달하다. 겨울과 봄의 힘겨운 삶을 버텨내지 않고서 단맛이 그에게 배였을 리 없다.

얼어붙게 추운 겨울과 봄 사이에서 견디느라 얼마나 아프고 힘들었을까. 견딘다는 건 고스란히 몸과 마음이 감내한다는 것이고, 싫든 좋든 내 것으로 여기고 품어서 어루만진다는 뜻이다. 그러다 보면 낯선 길목에서 삶의 갈피가 모습을 드러내듯 그렇게 답을 슬쩍 내보이지 않을까.

7

선암사 해우소도

내 근심을 받아주지 않았다

'해우소解憂所' 절에 가보지 않았어도 한 번쯤 들어봤을 익숙한 단어다. 절집 화장실을 칭하는 해우소는 '근심을 푸는 곳'이란 뜻을 지녔다. 불교에서는 번뇌가 사라지는 장소로 여긴다. 그런 까닭에 이곳을 이용할 때는 '머리를 숙여 아래를 보지 말라!'는 주의 사항이 따라다닌다. 그건 버린 근심을 다시 주워 담지 말라는 배려의 문장이다.

잡동사니로 가득한 집과 작업실 꼬락서니마냥 내 내면에도 쓸모없는 감정들로 넘쳐난다. 정일근의 시 〈선암사 뒷간에서 뉘우치다〉처럼 '뱃속 근심이 큰 장독에 고인 물처럼 출렁'거린다. 어쩌다 내 발걸음이 봄날의 풍경을 좇다가 선암사 해우소 앞에 당도하게 되었는지 모를 일이다.

내 안이 근심으로 출렁거렸던 걸까, 출렁이다 못해 흘러넘칠 지경에 이르렀던 걸까.

봄날의 뒷간은 청량하다. 서늘하다. 어떤 시인은 선암사 해우소로 가서 실컷 울라고 했지만 나는 오히려 창자 속까지 투명해지도록 한바탕 크게 웃었으면 좋겠다. 웃어서 그 근심들을 놀리고 싶다.

기미도 없는 볼일을 보자고 선암사 해우소에 쪼그려 앉았다. 아래에서 선선한 바람이 엉덩이를 차면서 올라온다. 밑을 보지 않으려고 하늘을 올려다보며 쭈그려 앉아 억지로 끙끙거린다. 힘겹게 채근한다. 한 덩어리 근심이라도 버려볼 요량이다. 허나, 오히려 잊었던 근심과 어리숙했던 지난 순간들이 똥덩어리처럼 둥둥 떠오른다. 버릴 것이 너무 많고 독하다. 똥냄새보다 더 고약한 것들이다.

순간, 뒷간 허공에 스님이 나타났다.
'용쓰지 말고 마음을 비워라!'
'어떻게 비웁니까?'
'네 것이니 알아서 비워라.'
'아니 그게 무슨 소립니까?'
'마음이란 애초에 비워진 것이었다.'
'그래서요?'
'멍청이냐? 아무것도 없지 않았느냐, 맨손이지 않았느냐.'
'맨손으로 왔다고 맨손으로 살라고요?'
'비워져 있던 그 초심, 원래의 마음으로 살란 말이다.'
'제 초심이 뭔지 모르겠는데요?'
'세상에 얼굴 내밀던 그 맑고 고운 때로 돌아가거라. 무릇 저렇게 돋는 싹처럼 그렇게 맑아지란 말이다.'
'아, 무슨 말씀인지 도통 모르겠습니다. 그만 자리나 비켜주십시오.'

지방문화재로 지정된 선암사 해우소의 역사는 무려 400년이다. 먹고 싸는 역사만큼이나 실로 장대한 역사다. 이곳이 유독 문학에 자주 등장하는 이유가 짐작이 간다.
이곳 해우소에 처음 왔을 때 현판을 보고 놀랐다. 새겨진 글이 요상해서였다. 내게는 '깐뒤'라고 읽혔다. 바지를 까고서 볼일을 보는 곳인가 했다. 자세히 보니 'ㄲ'이 아니라 'ㅅ'과 'ㄱ'으로 이루어져 있다. 'ㅅㄱ'. 도무지 앞뒤가 맞지 않는 단어를 보며 갸우뚱거리고 있자니 지나가던 젊은 스님께서 우에서 좌로 읽으라 한다. 그렇게 읽어도 발음이 괴상하다. 그냥 '뒷간'으로 부르기로 했다.

어쨌든 해우소 앞에 서서 비워야 할 것이 무엇인지 요모조도 따져본다. 너무 많아서 나열하기도 힘들 정도다.
어디서부터 어떻게 정리해야 할지 막막하다. 마음에 꽉 찬 욕심을, 집착을 어찌 비워낸단 말인가. 나는 도무지 방도를 알지 못하겠다. 내 것은 살아갈수록 늘어나고, 내 것으로 만들려는 몹쓸 습성은 관성이 붙은 듯 좀체 줄지가 않는다. 차라리 '비워라.', '버려라.' 하는 마음을 없애야 하나. 그냥 내버려두면 그 욕망에 병들어 내가 죽기라도 하는 것인가.
도대체 언제쯤 이 지긋지긋한 욕망과, 그 욕망에서 벗어나려는 욕망으로부터 탈출할 수 있을지 미지수다. 이렇게 푸념만 늘어놓다가 죽을 듯도 싶다. 이래저래 근심이 넘실거린다. 징그럽게 나를 괴롭힌다. 선암사 뒷간도 내 근심을 받아주지 않을 모양이다. 내 것인데 누가 대신 받아주고 말고 하겠는가. 내 근심도 내 몫일 뿐이다.

미워도 다시 한 번, 엉덩이를 까고 앉는다.
시원한 바람이 엉덩이를 차고 들어온다. 정신이 번쩍 든다.

8

수직으로 섰다가

수평으로 눕다

'미쳤다, 저 뾰족하고 날카로운 눈을 가진 둥근 불덩어리!'

삼월에 이토록 맹렬하게 뜨거운 빛이라니. 득달같이 달려든 여름이 곧 봄을 집어삼키는 것을 보게 될 거라는 불길한 예감이 번뜩거렸다.
주황색 지붕을 이고 있는 집은 지그재그로 얽혀 있는 골목 깊은 곳에 있었다. 햇살이 더욱 따갑게 느껴진 건 아무래도 지붕의 빛깔 때문인 것 같다. 바람이 사라진 것도 한몫했다. 작렬하는 빛이 지붕에 부딪히고 튕겨져 나와 세상의 모든 눈으로 뛰어들었다. 자꾸만 눈이 감겨서 무엇도 제대로 볼 수 없었다. 무자비한 빛을 고스란히 받은 꽃의 눈, 나무의 눈, 장독의 눈, 유리창의 눈, 수도꼭지의 눈, 담벼락의 눈은 시력을 잃은 듯 모두 제 앞을 더듬거렸다. 그런 중에도 눈이 멀지 않은 건 목련뿐이었다. 주황색과 대비되는 선명한 흰빛. 태양의 뜨거움마저 맨눈으로 다 빨아들이는 목련은 한 치도 흐트러지지 않는 도도한 자태로 서 있었다.

"예쁘다, 저 꽃!"
"추하다, 지고 나면."

다소 젊은 커플이 요상한 말을 주고받으며 지나간다. 괜히 목련에게 미안해져서 '신경 쓰지 마.' 하고 마음으로 위로하지만, 그들의 말이 영 그른 것만도 아니었다. 아름다움과 추함은 이분법적으로 구분되는 것이 아니다. 한자리에 있다. 그렇기에 아름다움과 추함은 드라마의 기본 메뉴로 자주 쓰인다. 사랑이 있으면 이별도 있고, 다시 그 사랑을 배반하는 스토리를 지닌 삶. 모든 건 그렇듯 배반하며 산다.

목련도 만개했을 때 아름다움을 배반하면 진다. 목련처럼 처참하게 낙화하는 꽃도 드무니까. 꽃은 클수록 비극적인 최후를 맞는다. 우아함은 죽음의 절정을 향해 장대높이뛰기 하듯 솟아오르다가 절망을 향해 예리하게 각을 떨군다. 극에 달하면 반대 극으로 향할 수밖에 없지 않던가. 태어남이 죽음으로 치닫고, 멸이 새로운 생을 예견하듯.

중요한 건, 저 우아한 목련이 절정에서 죽음으로 향하면서도 우리에게 몽상에 빠질 시간을 준다는 사실.

몽상은 다른 세계로 통하는 신비로운 문이다. 그 문 너머로 들어서기만 하면 모든 한계와 경계는 사라진다. 굳건해 보이던 것들이 얼마나 허망한 세계 위에 구축되었는지 깨닫게 된다. 몽상은 사고의 벽을 허물어 넓은 사유의 무대를 내보인다. 실은 그 세계는 개념화되지 않은 미완의 세계이며 미지의 영역이다. 그러니 목련꽃의 수직성은 위로 솟구치려는 열망을 넘어서, 실존을 극적으로 입증하는 자존의 몸짓이다.

목련꽃은 촛불.

어둠 속 나무우듬지에 핀 흰 목련은 불꽃처럼 어둠을 밀쳐낸다. 바람의 기미조차 없는 세계에서 도도하게 위로 뻗어 오르는 촛불에 매혹당해 오래도록 바라보던 어린 날이 있었다. 부드러운 그 불꽃은 오히려 단단해 보였다. 어둠이 엄습하는 것을 거부하며 제 몸을 태워서 그 도발을 저지했다. 생의 불길처럼 은은히 피어오르는 몸짓과 살아서 무엇인가 되려는 의지가 목련꽃에도 오롯이 투사된다. 촛불과 목련꽃은 수직성에서도 닮은 구석이 있다. 살아 있는 동안 이들은 수직으로 선다. 죽어서야 비로소 몸을 수평으로 누인다는 점에서 목련꽃은 촛불과 다르지 않다.

내가 시인을 사랑하는 건 세상의 밝고 어두운, 낮고 높은, 많고 적은, 좁고 넓은, 알고 모르는, 모이고 흩어지는 모든 것들을 향해 몽상의 그물을 던지기 때문이다. 시인이 아닌 우리들은 자신의 내면에 사색의 그물을 드리우기보다는 잠시 뭉쳤다 흩어지는 상념에 주로 휩싸인다. 그러나 시인들은 끈질기게 본질 가까이로 다가가는 몽상을 한다. 그것은 껍데기가 아니라 속에 품어진 삶의 상징과 징후를 들추어야지만 실체가 드러나는 생각의 탐험이다. 몽상을 통해 삶의 내면에 감춰진 진실들을 감지하고 그것들을 더 높은 세계로 끌어올려 새로운 가능성을 잉태시킬 수만 있다면 내 삶이 좀 더 의미로울까? 몽상을 통해 삶의 원초적이고도 본질적인 문제를 풀 수 있다면 몽상에게 영혼이라도 내어주고 싶은 심정이다.

뒤돌아보니 주황색 지붕을 배경 삼은 흰 목련꽃이 내게 말한다.
"놀라운 세계는 몽상이 아니라 삶의 우듬지와 바닥 사이 어디에나 있어요."

무슨 소린지 알지 못한 채 멀뚱멀뚱 서 있자, 목련꽃 아래 선 붉은 매화가 내게 눈짓한다.
훅하고 갑작스레 지나간 사랑이, 당신이 떠오르는 건 붉은색 때문이었을까, 아니면 앙상한 가지에 힘겹게 붙어 있는 매화의 모습 때문이었을까, 그것도 아니면 봄바람 맞으며 쏘다니다가 바람이라도 든 것일까. 이유가 어떻건 그 순간, 내 안의 감정이 흔들리고 있었다.

'무엇에 나는 흔들리고 있는 것인가?'

어리석고 철없던 지난 시절이 기억 밖으로 뛰쳐나왔다. 뜨거웠으나 무방비로 허술했던 그 시절. 내 세계가 구축되지 않았으므로 모든 것은 열려 있었고, 텅 빈 채였다. 사랑에도 익숙지 못해 그곳에서 벌어지는 숱한 감정들을 어찌 다스려야 하는지 알지 못했다. 그저 마음이 시키는 대로 따랐다. 감정의 노예가 되어 상황과 감정에 빠진 나머지 뭐가 옳고 그른 것인지도 분간할 수 없었다.

돌이켜보건대 온통 서투르고 이기적이며 멋대로 살았다. 삶도, 배움도, 관계도, 사회도, 가족도, 미래도, 가치도 아무것도 몰랐다.

목련나무 아래에 선 붉은 매화가 꼭 내 상처 같다. 옛사랑의 조각들이 달려와 기억의 퍼즐을 맞춘다. 가슴이 아리다. 좋은 기억은 바래고 옅어지지만 나쁜 건 더욱 생생하게 드러나서 나란 사람의 실체를 적나라하게 헤쳐 놓는다. 도대체 언제쯤 지난 것들로부터 홀가분해질 수 있을까.

햇빛을 받아 빛나는 장독 사이로, 여린 매실나무에 달린 붉은 사랑의 아픔과 슬픔이 건드리면 바스러질 듯 아슬아슬하다. 바람 한번 불면 후드득 떨어질 듯 위태롭다.

그러나 언젠가 떨어져야만 한다.

억지로 쥐고 흔들어서가 아니라 자연스럽게 떨어져야 한다. 그리하여 상처는 꽃처럼 지워지고 새로운 가능성의 실마리로 변태되어야 한다. 아픔과 슬픔과 고통이 도래할 사랑에 거름이 될 것이고, 지금보다 성숙한 사람으로 성장시키는 힘이 될 것이다.

미친 듯 사랑하고 이별한 후에야 겨우 실체에 한 걸음 다가서는 건 슬픈 진실이다.

9

하마비의 숨은 뜻을
알까 몰라

산사로 오르는 길섶에서 당신을 만났다. 조심스레 다가가 당신의 몸을 읽는다. '하마비下馬碑'라는 낯선 이름을 가진 당신은 돌로 만든 비석이다. 그런데, 당신을 여기가 아닌 다른 장소에서 만났던 것 같다. 가물거리는 지난 사랑을 떠올리듯 겨우 숭의전지에서의 당신을 떠올린다. 경기도 연천군에 있는 그곳 입구에서 당신을 카메라에 담기까지 했었다. 그때도 당신 이름이 낯설고 기묘하다고 생각했었다. 겉으로는 말하지 않았지만 그 기묘함에 당신에게 끌렸던 것도 사실이다. 궁금증을 참지 못하고 인터넷으로 당신 이름을 검색했던 그날이 어찌 이리도 깨끗이 잊혔을까.

당신은 신분의 높고 낮음에 상관없이 '누구든지 비석 앞에서부터는 타고 있던 말에서 내려서 들어오라.'는 오래된 시대의 표식이다. 궁이나 종묘와 같은 특별한 장소 앞에 '대소인원개하마大小人員皆下馬' 또는 '하마비'라고 새겨서 자리를 지키게 했다. 이는 타고 가던 말에서 내려섬으로써 선열에 대한 경의를 표하는 마음가짐과 태도에 관한 것이다. 내가 다닌 다른 곳에서도 당신이 있었겠지만 무심히 지나쳤던 모양이다.

절집 입구에 당신을 세워둔 것은 부처에 대한 예로써 말에서 내려 걸어서 들어오라는 뜻이리라. 돈이 많든 적든, 지위가 높든 낮든, 능력이 있든 없든 부처의 세계로 들어서는 자는 그 누구든 동등하다는 의미다. 하나같이 그에게 무릎을 꿇고 제 바람을 소원하는 자들인 까닭이다.

그런데, 요즘 풍경은 이렇다.

절에 시주한 신도라며 대웅전 코밑에까지 자동차 소음과 매연을 달고 올라오는 이들이 허다하다. 하마비가 서 있는 산문 아래에 주차장이 있는데도 기어이 차를 끌고 대웅전 앞마당까지 오른다. 이제 '하차비下車碑'라도 세워야 할 판이다.
누구에게나 소망하는 바람은 시급하고 절실하다. 그러나 중요한 건 조급함이 아니라 진실한 얼굴의 간절함이다. 지정된 곳에 차를 주차하고 절집까지 걸어서 오르는 동안 마음을 차분히 하면 얼마나 좋을까 싶다. 봄날의 정취를 만끽하면서 말이다. 그럼에도 모두들 서두른다. 바쁜 체한다. 빠른 등기로 편지를 보내듯 소원조차 그렇게 빌고 내려가려 한다.

차분한 봄 길을 먼지 일으키며 편하게 오르려는 이들의 이기적 욕망이 고요한 걸음을 옮기는 사람들의 감흥마저 깨트린다. 오히려 당당하기까지 한 그들의 표정은 또 얼마나 얄미운지. 쉽게 오르는 자신과 달리 산길을 걸어 오르는 이들을 업신여기지나 않을까 걱정이 될 지경이다.

불편한 몸을 이끌고 힘겹게 오르는 노인들 곁으로 쌩하니 차를 모는 그들은, 봄기운을 제대로 느끼기는커녕 부처가 원하는 바도 제대로 읽지 못할 것이다. 그저 부처 앞에 돈과 쌀을 바치고, 초에 불을 켜고, 향을 사른 뒤 원하는 바나 신 나게 읊고 급히 내려갈 것이 뻔하다. 편하고 쉬운 세상살이에 익숙해져버린 이들의 속내는 이렇듯 빤하다.

부처는 스스로 문턱을 낮추었다. 그러니 당신도, 나도 편하게 그의 세계로 들어갈 수 있는 것이다.
문의 턱이 높으면 넘나들기 힘들다. 걸리기 일쑤고 자빠지기도 할 것이다. 그러나 때로는 턱을 낮추기만 할 것이 아니라 높일 필요도 있다. 사람 사이의 관계도 그렇다. 관계의 문턱이 낮으면 낮을수록, 차이가 작으면 작을수록 관계는 원활하다. 그러나 그 원활함이 좋은 관계를 만드는 것이 아니라 한없이 가벼운 관계로 전락시키는 건 아닐까.

자신은 낮추고 타인을 높이는 일, 자신의 불편함을 무릅쓰고서라도 말에서 내리는 그 '낮춤'과 '내려섬'이 절실하다. 스스로 낮아지는 것만큼 멋진 일은 드물다. 상대를 존중할 때서야 겸허와 겸손이 나오고 타인에 대한 배려가 자리를 찾는다.

당신도, 나도 마음속에 '하마비'라는 비석 하나 세워보는 건 어떨까.

늘 그랬듯이 오늘도 산 아래 차를 세우고 걸어서 절집으로 향한다.
갈 길은 멀고 카메라와 삼각대가 무겁다. 어깨를 짓누른다. 며칠째 계속 걸은 탓인지 무릎까지 시큰거린다. 무게에 짓눌릴수록 그것을 떨쳐내고 싶은 욕망이 자라난다. 차를 끌고 절집 앞마당까지 올라갈 수 있는 통행증이라도 있다면, 핑계거리를 만들어 쉽게 올라갈 수만 있다면 하는 생각이 슬쩍 끼어들었다.

내 마음에도 이렇듯 이기적인 욕망들이 버젓이 활보하고 있다.

10

얼마나

발이 시릴까

얼마나 발이 시릴까.

죽어서도 마른 땅에 올라 발을 말릴 수 없는 운명. 차고 거센 물길에 발을 담그고 선 등대를 먼발치서 내려다본다. 푸른 바다에 선 붉은 그는 아름다운 풍경이다. 그에게 나는 강 건너 불을 멀뚱멀뚱 바라보는 구경꾼에 불과하다.

험하고 거친 바다의 협곡에 자리 잡고 있는 그.

그 주변에는 날카로운 이빨을 감춘 암초들이 덫처럼 깔려 있다. 근처를 항해하는 배들은 초식동물처럼 고개를 들어 그가 보내는 경고 메시지를 놓치지 않으려 긴장한다. 푸른 바다에 몸을 가리고 웅크린 채 덮칠 기회만 엿보고 있는 포식자를 경계하는 것이다. 위험은 항상 긴장을 풀 때 어김없이 닥쳐온다.
파도 위에 떠 있는 배들은 가로질러 가고 싶어도 에둘러 지난다. 아무리 급해도 털을 곤두세우고 있는 위험의 군침 소리를 모른 척할 수는 없다.
낮이면 등대는 밤새 뜨고 있던 눈을 지그시 감은 채, 지난밤 쌓인 피로도 아랑곳하지 않고 붉게 상기된 얼굴로 말한다. 포복하여 다가와 일순간 덮치는 위협으로부터 벗어나 돌아서 가라고.
밤이 되면 그는 지그시 감고 있던 눈에 불을 켜서 바다로 쏘아댈 것이다.

'여긴 위험 지대다!'

순식간에 모든 것을 앗아가는 파렴치한 곳이라고. 차갑고 거친 물살 속에 발을 담그고 우뚝 선 채, 소리 없는 소리침을 보내는 그에게는 '희생'이란 단어가 아프게 박혀 있다. 자신의 아픔을 감수하며 바다 위 뱃사람들의 생명을 절박하게 지키려 하니 말이다.
거친 파도가 자신을 덮쳐와도 피할 수 없이 꼿꼿하게 서 있어야만 하는 그에게서 나는 세상의 모든 아버지들을 보았다. 삶의 신산함을 이겨내며 가족을 위해 자신의 생 전부를 걸고 사는 그들의 마음 한구석에 있을 번뇌와 감정이 궁금해졌다.

등대는 수평에 선 수직이며, 위험을 알리는 시각적 상징이고 신호다. 그리하여 바다 위 존재가 수평선의 품 안으로 감싸 안길 때도 그는 수직으로 서서 바다 아래의 세계에 대해 말을 건넨다. 바다를 삶의 터전으로 삼은 이들에게 그는 위태한 생을 지키는 척후병이며 아버지다. 단 하루도 쉴 수 없는 태생적 운명과 겪고 있는 풍파를 탓하지도 않는다. 때로는 절해고도의 절벽 위에, 가끔은 암초 위에 아찔하게 서서 생의 시간을 보낸다. 태풍이 세상을 휘젓고 지나가도, 먹장구름이 천둥과 번개를 몰고 와도 꿈쩍도 않는다. 강렬한 빛과 화려한 색으로 길을 보지 못하는 이들을 이끈다. 마치 나의 아버지가 그랬던 것처럼.

이전까지는 있어도 그만, 없어도 그만인 존재로 살아왔는지도 모른다. 그런 이기적인 나도 그이처럼 길을 보여주는 존재이고 싶은 날이다. 시리고 아픈 현실에 뿌리내리고 산다 하더라도 타인에게 희망을 건네는 따스한 인간이고 싶다. 나를 일깨우는 저 붉은 등대처럼…….

그가 홀로여도 외롭지 않은 까닭이 있다.
자신의 눈을 들여다봐주는
절실한 눈들이 있으니까.

차가운 물에 발을 담그고 사는 것 같은 현실이지만, 햇살이 따사롭게 쏟아지는 봄날이어서 괜히 생이 그럴듯해 보이는 날이다. 누군가가 내게 남긴 메모가 떠올랐다. '이타심도 이기심이다.' 이 문장을 이해했지만 인정하고 싶지는 않았다. 이기심에서 발현된 이타심이든 아니든, 그 누구도 쉬이 하지 못하는 일을 하는 누군가가 귀하다고 믿으니까.

이기적이지 않은 보통의 인간은 없다.
이기적 이타심이라도 가질 수 있다면 다행이지 않은가?

11

그러거나 말거나
꽃은 피고 지고, 강은 흐른다

전라북도와 전라남도 그리고 경상남도 사이를 휘감아 흐르는 강. 지역과 지방을 나누는 이들에게는 경계에 불과하지만 강을 삶의 터전으로 삼고 살아가는 이들에게는 생명과 같은 곳. 높고 깊은 산들 사이에 끼어 있으면서도 희고 맑은 백사장을 품어서 사시사철 갖가지 먹거리를 내놓는 풍족한 강.

섬진강.

'전라도와 경상도를 가로지르는 섬진강 줄기 따라……'로 시작되는 노래처럼 높은 곳에서 낮은 곳으로, 북쪽에서 남쪽으로 흘러서 광양만에 닿아 남해 바다가 되는 강. 그러므로 섬진강은 모든 강이 그러하듯 바다가 되는 운명을 품고 있으며, 바다에 이르러 강의 이름을 지우고 바다로 변신하는 물의 몸짓이다.
돌이켜보니 모든 강의 운명은 바다가 되는 것이다.

입대를 두 주 정도 앞둔 오월 말에 나는 배낭을 꾸렸다. 입대하기 전에 추억을 만들고 싶었다. 곧 들이닥칠 두려움을 잊고자 떠난 것일지도 모른다. 휴학계를 내놓고 쉬는 동안 막노동으로 모은 돈의 일부를 챙겨 버스에 올랐다. 텐트까지 올린 배낭은 나보다 먼저 눈에 띌 정도로 키가 컸다. 그 무지막지한 배낭을 메고 버스를 세 번이나 갈아타며 도착한 곳이 하동이었다. 나는 섬진강을 따라 위쪽으로 걸었다. 어디였을까? 적막한 억새밭을 지나 희디흰 모래사장이 끝없이 이어진 곳에 멈췄다. 오월의 태양은 말없이 내 몸 구석구석을 내리눌렀다. 형용할 수 없는 장면 앞에서 나는 섬진강이 펼쳐놓은 세계에 그대로 빠져들었다.

그 자리에 텐트를 쳤다. 그날 밤, 나는 강물의 목소리를 들었고, 별이 어째서 저리도 아찔한 높이에 서 있는지 어렴풋이 이해했다. 새벽에는 백사장 숨구멍 밖으로 숱한 생명들이 고개를 내밀고는 낯선 나를 보고 있다는 걸 깨달았다. 잠결에 수많은 두꺼비가 내지르는 비명에 가까운 울음소리를 들은 것도 같다. 달빛인지 별빛인지 알 수 없는 빛이 강과 백사장을 하얗게 밝히고 있었고, 그 아찔한 풍경에 숨 막혀 죽을지도 모른다는 생각이 들었다. 설명되지도, 설명할 수도 없는 세계와 보낸 하룻밤이었다. 나는 강물과, 생명들과, 별과, 산 그림자와, 달빛과, 내 숨소리의 소란스러움에 제대로 잠들지 못하고 뒤척였다.

그 밤과 새벽에 나는, 그대로 숨이 막혀 죽어버려도 좋겠다고 생각했다.

봄이 되면 경상도 하동과 구례에서는 벚꽃으로 사람을 끌어모으고, 전라도 광양에서는 매화꽃으로 사람을 불러 모은다. 섬진강을 사이에 두고서 벌이는 꽃 잔치다. 다행히도 두 꽃이 시차를 두고 피고 지니 봄은 섬진강의 호시절이다. 먼저 매화가 피면 곧이어 벚꽃이 그 뒤를 따른다.

지금은 광양에 매화가 지천이다. 구름 한 점 없이 볕 좋은 날에 매화 향기 그득한 매실나무 사이를 거니니 코가 호강이다. 붕붕거리는 벌들의 날갯짓 소리마저 신명 난다. 바람에 날리는 매화도 멋스럽다. 곱디고운 매화로 도시의 복잡함에 지친 눈을 씻는다. 산으로 향했던 시선을 거두어 섬진강을 내려다보니 꽃보다 유장하게 흐르는 강이 지난날의 삶을 쓸고 내려오는 것 같다. 보이지 않는 곳까지 보인다는 착각을 하며 오래도록 그 광경을 본다. 생각 하나가 풍경을 뚫고 나온다. 멀리 보면 가까운 것이 보이지 않고, 가까이만 보면 멀리 있는 것이 가늠이 안 된다. 가까이도 보고, 멀리도 보아야 하건만 하나에 얽매인 채 어리숙하게 살아가고 있다. 세심하게도 봐야 하고 넓게도 봐야 하는 것을 알면서도 자꾸만 자신이 서 있는 곳에 매몰되어 빠져나오질 못한다.

카메라 렌즈와 같다. 광각렌즈를 끼고 있으면 넓은 세계를 담을 수 있지만 멀리 있는 것을 정확히 포착할 수가 없다. 망원렌즈는 멀리 있는 것을 잘 보는 대신 가까이 있는 것을 세밀하게 찍을 수 없다. 우리 모두는 어쩌면 각자의 광각렌즈와 망원렌즈를 끼고서 세상을 보는 것인지도 모른다. 당연히 제가 끼고 있는 렌즈가 옳다고 믿으며.

그러거나 말거나
모래가람, 다사강, 사천, 기문화, 두치강으로 불렸던 저 섬진강은 북에서 남으로, 높은 곳에서 낮은 곳으로 흐른다.
말없이, 고고히.

12

잘 어울릴 수 있을까,

나를 둘러싼 모든 것들과

나는 멎은 초침처럼 섰다.

넘쳐서 하늘로 번지는 강이,
제 깊이를 알지 못하는 바다가,
땅 밑으로 자라는 나무가,
바람이 불 때마다 달싹거리는 바위가,
밉다고 눈을 흘기는 별이,
나무처럼 굵고 높은 풀이,
사람이 떠날 때만 피는 꽃이,
외로워서 헛구역질하는 새가,
날카로운 가시를 품은 햇살이,
붉은 흙이 된 농부가,
품어서 자꾸만 슬픔을 낳는 여인이,
소란스럽고 장난기 많은 고요가,
외롭지 않아서 말을 잊은 외로움이,
존재의 껍질을 벗어 보이지 않게 된 바람이
내 안으로 흘러들기 시작한다.

못 박히듯 멈출 때마다 나는 오히려 움직이지 않는 몸에 안도했다. 어디로 가야 한다는, 무엇을 봐야 한다는 따위에 미련을 눈곱만치도 가지지 않아서 좋은 것이다. 종종 이렇듯 꼼짝없이 잡혀 무엇이 될 수 있다면 어찌 행복하지 않을까.

그대로 나무나 바위가 되어도 슬프지도 아쉬울 것도 없다는 독백을 읊조리기도 했다. 정처 없이 흐르기만 하거나, 기한 없이 머물지도 못할 곳에 가닿을까 안절부절못하는 것보다는 몇 곱절은 낫겠다 싶었기 때문이다. 때로는 사냥꾼에게 쫓기는 사슴보다는 나무꾼에게 도끼질을 당할지라도, 나무가 되어 멈춘 채 한곳에 뿌리내릴 필요도 있다는 걸 깨닫기도 했다.

뭔가에 사로잡혀 우두커니 멈춘 것이 예사였듯 덩그러니 버려진 돌멩이처럼 지낸 적도 숱했다. 딱 부러지게 명쾌한 것이 없어서 무작정 시간을 소비하며 살았던 시절도 있었다. 가끔은 원시와 근시를 한꺼번에 앓는 눈처럼 앞에 펼쳐진 것이 가물거려서 뭐가 뭔지 분별이 안 되어 두더지마냥 어둠에 몸을 감추고 살기도 했다. 사는 것이 진도를 빼는 일이 아닌 줄 알면서도 뭔가 나아가거나 좋아지지 않아 힘겨웠다. 빛이 보인들 그 끝에 도달할 수 있을지도 미지수였다. 그러니 가다 멈추기를 숱하게 반복할 수밖에 없었다. 그런데도 삶을 향한 충동은 자꾸만 나를 들쑤셨다.

떨어져야만 다시 사는 비에,
생명들의 공동체인 숲의 고요에,
존재의 심연까지 아득하게 울리는 풍경 소리에,
거대한 숲의 군무에,
비현실적으로 잔잔해진 수평선에,
공기에 부딪혀 곱게 부서지는 햇살의 입자들에,
홀로 밭을 일구는 농부의 근육과 몸짓에,
툇마루에 걸터앉아 푸성귀를 다듬는 여인의 손길에 다시 멈춰 섰다.

어떤 풍경은 내게로 들어와 오래 머물렀다. 금세 나갈 기미가 보이지 않으면 신경이 쓰이고 불편했으나 그마저도 곧 내 것인 듯 친근해졌다. 실은 내 안으로 오는 것이 싫었다기보다는 들어왔다가 익숙해질 만할 때 사라지는 것이 겁났던 모양이다.

한때는 안으로 들어와 나를 바꾸려고 하면 신경질을 부리며 거부했다. 대체 무슨 권리로 내게 들어와 나를 흔들어, 어쩌자고 내 식으로 정리하고 배열해 놓은 것을 난장판으로 만드느냐며 질색했다. 그럼에도 아랑곳하지 않고 들어와 내 것이 되고 나 자신이 되었다.

내게 들어온 풍경을 머금고, 다시 걸었다. 그러다가 불쑥 마주하게 된 벽 앞에서 박제된 짐승처럼 다시 멈추었다.

앞에 서 있는 벽이자 문은 구성과 조형, 색채 그 자체로 하나의 세계였다. 멋 부리지 않았다. 그러나 멋 부린 듯 아름다웠다. 예술 작품이라고 해도 과하지 않을 정도로. 대목과 소목, 그 밑에 딸린 많은 사람들이 나무와 황토, 돌과 염료 하나하나를 귀하게 준비했을 터이다. 그것들이 어떻게 어울리고 제각각이 아닌 하나로 돋보일 수 있을까 고민했으리라.

이것은 '조화'다.

나무의 결과, 황토의 빛깔, 제각기 다른 형태의 돌과, 소박한 단청이 단백하면서도 매력적인 조화를 만들고 있다. 이 정갈한 조화로운에 나는 아찔하다. 재료의 결과 질감, 세월의 흔적과 색바램이 다투지도 서로 나서지도 않으면서 어우러진다. 벽이자 문이, 문이자 벽이 문제와 답을 동시에 품고 있는 삶과 닮았다.

꽉 막은 듯 보이지만 어느 순간 숨을 틔운다. 어쩌면 우리는 삶을 모르는 것이 아니라 충분히 이해하지 못하고 있는 것은 아닌가. 인생은 순탄치만도,

조화롭지만도 않다. 그렇기에 나쁜 것이 좋은 것을 희망케 하고 불화가 화합을 갈망한다.

소문난 홍매를 찾아온 사람들은 내가 바라보고 있는 황홀한 풍경 따위에는 관심이 없다. 무심히 지나쳐 간다. 목적지를 향해 부랴부랴 걷던 지난날의 나처럼 그렇게 앞만 보고 휙휙 본체만체한다. 봄이 꽃의 세상만은 아닐 텐데 모두들 이상하다.

자리를 떠나기 전에 벽이자 문으로 다가가 슬쩍 밀어본다.
삐걱, 소리를 내며 조금 밀리더니 더는 꿈쩍도 않는다. 문이지만 이렇게 닫혀 있으니 오롯이 벽이다. 누군가 저 문을 열고서 나온다면 그 순간 벽은 문이 될 것이다. 벽이되 벽이지 않고, 문이되 문으로만 존재하지 않는 벽이 어찌 아름답지 않겠는가. 헐뜯거나 비방하지 않고 서로 보듬는다. 더불어 행복할 수 있는 방법을, 함께 존재하는 이유를 보여주는 몸짓이다.

조화라는 것이 이렇듯 자연스레 어우러지면 그만이라는 문의 말,
벽의 말을 듣고서야 나는 돌아섰다.

13

태양이 뜬 그 자리에

달이 뜬다

새벽에 베토벤이 내게로 왔다.

〈현악 4중주 14번〉의 느린 첫 악장이 내 귀를 파헤쳤다. 바이올린 하나가 문을 열고 길을 나서자 두 번째 바이올린이 그 뒤를 따른다. 두 대의 바이올린을 좇아 비올라도 슬쩍 비집고 나오자, 첼로도 기다렸다는 듯 맨 뒤를 받치니 결국 하나의 앙상블이 된다.
설핏 깨어난 의식은 소리의 근원을 난감한 동작으로 뒤적였고, 환하게 빛을 쏘아대는 휴대폰 화면을 보고서야 지난밤에 맞춰놓은 알람인 줄 알았다. 꿈인지 현실인지 헷갈리는 의식은 다시 희미해진다. 몸은 포르말린이 채워진 거대한 유리병에 갇힌 듯 꼼짝달싹 놀릴 수가 없다. 알람은 잠을 깨우는 소음이 아니라 바다 가운데서 부르는 세이렌의 노래이자, 잠의 세계로 인도하는 달콤한 속삭임처럼 느껴졌다. 아득한 거리에서 느지막이 사붓사붓 달려오다가 소리의 소실점으로 빨려드는 순간 의식도 깜박 흐려졌다. 나는 잠에 나포되었고, 꿈을 꾸었다.

꿈속에서 어머니를 만났다. 어머니는 희미하게 웃으며 서 있었다. 나는 어머니가 내게 자장가를 불러준 적이 있었는지, 어떤 노래를 불렀는지를 기억해내려고 애썼으나 허사였다. 떠올리려 하면 할수록 나를 토닥이는 몸짓은 애초부터 존재하지 않은 듯 느껴지지 않았고, 노랫소리는 무음 모드 속 화면처럼 입만 벙긋거렸다. 자장가와 어머니는 어울리지 않는 관계처럼 서먹한 풍경이었다. 여전히 꿈의 배경음악도 현악 4중주였다.

베토벤이 다시 내게로 온다.

전날도 나를 혹사시켰다. 온종일 걷고 또 걸었다. 무릎은 시큰거렸고 발바닥은 불 위를 걷듯 화끈거렸다. 무엇을 보려거나 깨닫고자 했던 것도 아니다. 내게 여행은, 길에 자신을 풀어 헤치는 행위일 뿐이다. 그렇게 길을 걷다 보면 사라질지도 모른다 생각했고, 정말 길 위에서 증발이라도 되면 기쁠 것도 같았다.

그렇게 되면 내가 그토록 원하던 비와 바람과 눈과 함께할 수 있을까.

창밖은 어스름하고 푸르뎅뎅하다. 구름이 낀 듯도 하고 그렇지 않은 듯도 하다. 창으로 들어온 미약한 빛은 방에 웅크리고 있는 시커먼 어둠을 내치기에는 역부족이었다. 알람을 끄고 한참을 더 뒤척인 후에야 녹초가 된 몸을 겨우 일으켰다. 직장 생활을 할 때도 아침에 일어나는 것은 늘 고역이었다. 밤마다 무슨 고된 꿈을 꾸었기에 그리 자지러졌을까. 그만두고 싶다고 마음먹었다가도 곧 접었고, 또 다짐했다가 다시 그 마음을 지웠다. 밥벌이의 지겨움보다 삶의 혹독함이 나를 놓아주지 않았다.
찬물로 세수하고 양치질을 하니 몽롱하던 의식이 팽팽해진다.

일찍 일어나면 하루가 길다. 오늘 하루도 무척 길 것이다.
긴 하루는 게으르게, 느리게 보내는 것이 좋다.

무슬목해변으로 간다. 좋은 사진 한 장을 찍기 위해 닷새째 출근 도장을 찍고 있다. 해변은 어제처럼 파도를 내게로 보냈다가 다시 거두어들이기를 반복한다. 하지만 오늘의 저 바다는 어제 봤던 그 바다가 아니다. 어제의 내가 오늘의 내가 아니듯 바다도 그렇다.
어제는 날이 흐렸으니, 오늘은 맑게 개는 날이 찾아올 것이라고 풍경은 허락지도 않았는데 내 마음대로 기대한다. 오늘이 기다리던 그날일지도 모른다며 자꾸 도망가려고 하는 인내심을 굳게 붙잡아놓는다.

구름 한 점 없는 일출은 흥미롭지 않다. 구름이 걷힐 대 예측할 수 없이 변신하는 구름 사이로 태양 빛이 뿌려져서 황홀한 풍광을 연출한다.
어제는 내일의 바다를 기대했고, 어제의 미래였던 오늘은 어제 보지 못한 멋진 일출을 내심 바라고 있다. 구름은 적당하고 바람도 멋진 풍광을 연출하는 데 알맞게 불고 있다. 이제 곧 해가 솟을 것이고, 답도 확인될 것이다. 다시 오겠다던 옛사랑을 기다렸던 때처럼 모래사장에 서서 하염없이 기다린다. 바닷바람이 하늘을 채근한다.

기다림이 없는 삶은 재미가 없다.
그러니, 기다림은 행복하다.

찬바람이 바다를 건너온다. 서서히 여명이 트지만 해는 구름에 갇혀서 허덕거리고 있다. 오늘도 날이 아닌 듯하다. 카메라를 가방에 넣고 삼각대도 접었다. 바닷가에 쪼그려 앉아서 한참 떠오른 해를 탐닉한다. 바닷가에는 사진을 찍거나 해를 보는 사람이 여럿이다. 황홀한 광경을 목도하지는 못했지만 아쉽지 않다. 기회는 황홀한 기대처럼 마땅히 언젠가 내 앞에 당도할 것이니.

해의 기운이 몸에 스몄는지 노곤함은 사라지고 몸은 가뿟하다. 생이 다시 시작된 기분이다. 시시했던 삶에 흥미가 붙으면서 제대로 살아볼 요량이 햇살처럼 따스하게 번진다. 파도도 내 기분을 맞추느라 신 나게 바다의 겨드랑이를 긁으며 쏴아, 쏴우 웃고 있다.

해는 떠올랐지만 마을과 숲은 여전히 고요와 정적에 미처 몸을 빼지 못한 채 잠들어 있다. 태양이 떠오르는 각도에 맞춰 어둠은 구석진 곳으로 제 몸을 야금야금 감춘다. 어둠이 삶에 들이닥치는 복병과 닮았다는 상념이 짧게 스쳤다. 삶에도 어둠이 내릴 때가 있다. 그러나 비바람이 불고 눈보라가 친 뒤에 맑고 고요한 날이 찾아온다. 그제야 평범한 날에 누리는 행복에 대해 깨닫게 된다.

저 어둠 건너에 밝은 세상이 오고 있다. 내게로, 당신에게로.

길을 달려 다다른 곳은 용월사. 여수시 돌산읍 우두리 해안 절벽 위에 가부좌를 튼 듯 앉아 있는 사찰이다. 대웅전에서는 새벽 예불이 한참이다. 사뿐사뿐 가벼운 걸음으로 경내를 둘러보다가 할미꽃 앞에 선다. 오랜만이라 반갑다. 이슬에 젖은 채 살짝 고개를 숙인 모습이 갓 시집온 새색시같이 곱다. 주로 사월경에 핀다는 할미꽃을 두 주 이상 빨리 만난 셈이다. 나는 그녀처럼 몸을 굽혀 가까이 살핀다. 대웅전 앞쪽 바닥에 배를 깔고 누워 있던 누렁이가 어느샌가 다가와 내 몸 여기저기에 코를 박고 킁킁거린다.

“쉿!”

“…….”

“짖지 마! 새벽 예불을 방해하지 말자고.”

“킁킁.”

녀석은 용케도 낯선 나를 보고도 짖지 않았다. 도둑인지 아닌지를 단번에 알아보는 듯한 초월의 눈빛이다. 우주 삼라만상이 부처라고 하니 어쩌면 이 녀석도 부처? 불교란 그런 것 아니던가. 스스로를 자각하여 깨닫는, 혹은 욕심을 끊어내는 꿈과 같은 생.

누렁이와 나란히 앉아서 할미꽃을 보다가 이런 생각을 했다.

'숙인다고 지는 것이 아니다.'

몸을 일으키자 곁에 앉아 있던 녀석도 따라 일어나 휘적휘적 제 집으로 돌아간다. 그를 보내고 절벽 쪽으로 다가가 남해 바다를 내려다본다.

동쪽으로는 경상남도 남해가 아스라이 떠 있다. 거대한 화물선들과 작은 고기잡이배들로 분주한 바다는 도심의 평일 도로와 닮았다. 저 바다와 배들은 이른 아침의 고즈넉한 바다 풍경이 아니라 바쁜 일상의 광경이다. 목적도 없이 흐르는 여행자에게만 다른 관점으로 비춰질 뿐이다.

태양이 지는 즈음이면 저 바다 위에 달이 떠오르리라. 야위어가는 달, 점점 둥글어지는 달, 반 토막 낸 수박 같은 반달, 꽉 찬 달 중 하나가. 시작되었다가 끝이 나고, 떴다가 기운다. 태양이 뜬 자리에 달이 뜨고, 달이 진 자리에 태양도 진다.

삶이 있던 자리에 여행자의 걸음이 스미고,

여행자의 거리에 일상의 삶이 가득하듯.

사랑의 그림자

1

당신은 바람을
부정하지 않았습니다

한 소쿠리 소금을 뿌린 듯 절집 마당이 흰 몸으로 꿈틀거리는 정오입니다. 벌거벗은 세계를 홀로 지탱하고 있는 늙은 매화, 나는 당신을 '그녀'라고 부릅니다. 무엇이 당신을 내게 여성으로 인식시킨 걸까요?

일생 동안 매화와 더불어 은거 생활을 한 것으로 알려진 송나라 시인 임포에게도 당신은 그 누구보다 아름답고 지조 있는 '그녀'였겠지요. 당신을 얼마나 흠모했던지 어떤 문인들은 눈이 채 지워지지도 않은 계절에 '심매尋梅'라는 걸 하기도 했답니다. 당신이 피워낸 첫 꽃을 찾아 나서는 그 일이 그토록 중요했던 건 당신을 향한 지독한 그리움 때문은 아니었을까요. 내 삶의 정오도 마음 한 켠에 서 있는 '그녀'를 향한 그리움으로 꿈틀거립니다.

당신도 세월의 풍파를 피하지 못했는지 허리가 굵어졌군요. 그 굵은 허리에 비해 가지와 꽃은 수가 성글기만 합니다. 시간이 지나고 몸이 커질수록 풍성해져야 옳을 듯싶은데 말이지요. 대신, 눈매가 선한 큰 꽃들을 피웠네요. 우아하게 선을 그리는 당신의 꽃술은, 한 시절 매미처럼 사랑했던 여인의 속눈썹을 상기시킵니다. 그러고 보니, 저는 아직도 사랑의 폐곡선에 갇힌 채 제자리를 맴돌고 있군요. 당신은 어떤가요? 여전히 참혹한 사랑으로부터 벗어나지 못한 채 기억의 궤도를 돌고 있겠지요.

잊히지 않는, 잊을 수 없는 것이 있다는 듯 벌 몇 마리가 꽃 사이에서 붕붕거리며 시위를 합니다.

아름다움이 지나치면 아름답지 않다는 걸,

슬픔도 지나치면 슬픔이 아니란 걸 당신도 알고 있겠지요.

당신 곁에 앉아 사소하고도 사소하지 않은 것들에 대해 소리 없는 대화를 나눕니다. 그러기에 적당한 날이에요. 당신 때문인지, 날씨 때문인지 모르겠으나 어느 해 여름 서해안 해변에서의 일이 생각나요. 나는 자동차를 몰고 목포인가 해남인가로 향하다가 고속도로 옆에 펼쳐져 있는 해변을 보고 그대로 톨게이트를 빠져나가 그곳으로 갔어요. 인적이 끊긴 고즈넉한 느낌이 좋았습니다. 한쪽에 장식처럼 펼쳐져 있는 파라솔 그늘에 앉아 맥주를 홀짝거리며 몇 시간을 게으르게 보냈죠. 파도와 햇살이 뒤척이며 만들어내는 반짝임에 시선을 던지던 그날이 아주 생생해요. 오늘도 그런 날이에요. 함께 있는 것만으로도 좋아서 빙긋거리게 되는, 그저 바라만 보고 있어도 몸이 뜨거워지는, 말 없는 대화가 가능해지는 그런 순간이에요.

"말해줄래요, 어째서 말이라는 기호를 사용하지 않고도, 눈빛만으로도 당신과 내가 이렇듯 훌륭하게 교감할 수 있는지?"

담담하게 비움으로써 자신을 담백하게 만드는 당신과 달리 어린 매화는 꽃을 다부지게 피웠어요. 그걸 보고 있으니 애달픈 사랑처럼 괜히 서글퍼져요. 하지만 말이에요. 유치했던 시절이, 불완전한 경험이 어린 나무에게 필요하듯 저에게도 그런 시절이 절실했음을 부인할 수 없어요. 그 시절을 관통해 지나지 않고 지금의 당신과 내가 있을 리 없으니까요.

바람이 불 때마다 당신은 내게로 비좁은 꽃그늘을 내어주며 그 품에 안기라 합니다. 아직도 당신의 계절은 사랑이 식지 않은 한여름 해변과 같다는 걸, 정수리에 쌓인 햇살이 말합니다.

저는 당신이 머리에 이고 있는 꽃이 자신의 생을 전복하려는 시도는 아닐까, 각성하라고 세상에 내지르며 선동하는 함성이 아닐까 싶어요. 아니면, 당신이 꾸는 봄날의 꿈인지도 모르지요. 저 화사한 꽃이 전복의 시도나 선동의 함성 혹은 아무것도 아니든 저는 뿌리의 방정식과 기둥의 수직성과 가지의 자유분방함이 좋아요. 한 칠레 시인이 이런 질문을 시로 썼어요.

"나무들은 왜 뿌리의 찬란함을 숨기지?"

가장 센 힘이니까요. 가장 믿을 만한 찬란함이니까요. 그런 건 비밀스러운 곳에 숨기는 법이죠. 안 그래요? 꽃은 일시적이며 불현듯 솟구치는 열망이니까요.

순간 바람이 불어왔어요. 제 긴 머리카락을 엉망진창으로 휘저었죠. 작은 매화나무는 휘청거리며 꽃잎을 우수수 떨구었지만 당신은 바람을 다 받아내면서도 꽃을 단단히 부여잡습니다. 당신은 바람을 부정하지 않았습니다. 바람이 불어야 당신도 살고, 나도 삽니다.

누구에게라도 바람이 몸을 휩쓸고 지나가야 할 때가 있습니다.
그래야만 더 단단해지니 말이죠.

2

아찔한 마음 한 조각

내보일까, 당신에게

기와는 집의 눈썹.

여덟아홉 살쯤 되던 해에 기와가 눈썹을 닮았다며 지붕을 힘껏 노려보았던 적이 있다. 그리고 당신을 처음 만났던 날에 당신의 눈썹에서 그 기와를 다시 보았다. 말없이 눈썹을 바라보다가 속에 있던 말이 '툭' 삐져나오는 걸 막지 못했다. 짙고 고운 눈썹이 예쁘다고. 당신은 부끄럽다며 두 손으로 얼굴을 가렸다. 그날부터 나는 당신의 검은 눈과 짙은 눈썹을 사랑하게 되었다. 그 눈썹이 기와지붕을 올린 어린 시절의 집과 막무가내로 오버랩되었다.
친구 집도, 다른 친구 집도, 친구의 친구 집도, 내가 짝사랑했던 이웃집 누나의 집도 기와를 얹고 있었다. 비와 눈과 바람을 막아주는 기와가 그 시절 최고의 재료였다. 슬래브 지붕을 올린 양옥은 귀하던 시절이었다.
여행을 다니다가도 기와지붕을 만나면 반가웠고, 양옥보다는 한옥에 마음이 기울었다. 여전히 내 삶의 기록지에는 지나온 시간의 풍경이 푸른 잉크로 그려져 있다. 주섬주섬 옛것을 모으는 취미도 그런 연우로 생긴 듯하다.

중학생 시절 나는 기와지붕에 자주 올라갔다.
아버지와 나는 텔레비전 전파 수신 문제로 교대로 지붕에 올랐다. 태풍이 지나간 뒤거나 바람이 미친 듯이 분 다음 날이면 실외 안테나에 문제가 생겼다. "돌려!" 하고 아버지가 소리치면, 지붕 위로 올라간 나는 안테나를 돌리면서 "나와요?" 하고 소리쳤고, "아직, 조금씩 천천히 돌려!", "이제 반대로 돌려!" 하는 아버지의 지시에 따라 안테나를 미세하게 움직여 가장 센 신호를 잡았다. 그러고는 온 가족이 텔레비전 앞으로 모여 저녁을 먹거나 아랫목에 이불을 덮고 누워 온기를 나누며 뒹굴었다.

장마가 본격적으로 시작되기 전에는 깨지거나, 위치가 틀어진 기와를 바꾸거나, 바로잡기 위해 몸이 가벼운 내가 종종 지붕으로 올라갔다. 그때마다 기와는 아프다고 비명을 질렀고, 나는 녀석의 엄살을 피해 고양이처럼 살금살금 다녔다. 그 기와지붕은 여전히 새로 이사 온 식구를 잘 지키고 있을까. 아니면, 그럴듯한 양옥으로 모습을 바꾸었을까?

절에 가면 종종 '기와 시주'라는 것과 마주친다. 말 그대로 기와를 바치는 것인데 불교에서는 공덕을 쌓는 복된 일로 여긴다. 어느 절집에서 '지붕에 비가 새면 부처도, 사람도, 짐승도 불편하다. 그러므로 기와 불사는 그 공덕이 크다'라고 써 붙인 글귀에 마음이 따뜻해진 적이 있다. 마땅히 필요할 때 시주하는 일에 어찌 마음이 동하지 않겠는가.

언젠가부터 절집마다 화려하고 웅장한 불사 올리기에 소란스럽다. 비록 좁고 자갈이 섞인 흙길이지만 그 향기롭던 숲길을 넓히겠다고 나무를 베어내고 산을 깎아 아스팔트 까는 건 예사고, 조용하던 경내는 중장비들이 내지르는 소음으로 번잡하다. 그런 곳마다 약속이라도 한 듯 새 기와를 잔뜩 쌓아 놓고서 불사를 독려한다. 그런 곳에 들를 때마다 마음에는 불편하고 불쾌한 감정이 시커먼 곰팡이처럼 송글송글하게 돋는다.
얼마나 더 크고 화려하게 지어야만 하는 걸까? 저 행위가 부처의 마음이 아닌 사람의 마음에서 비롯된 욕심이라는 생각이 드는 건 나만의 착각일까? 도대체 누구를 위한 기와인가 싶다. 새는 비를 막자고 지붕에 올리는 기와가 아닌 듯하여 마음이 쌉싸름하다. 그래서인지 멋 부리지 않은 암자나 자그마한 절집에 감동하는 경우가 더 잦다. 낡았지만 기품과 정신이 예사가 아닌 그곳의 공통점은 고풍스러움과 고즈넉함 그리고 청빈함이었다. 수행과 구도를 향한 청빈함에서 비롯된 기와 불사라면 나는 행복한 마음으로 기꺼이 동참할 것이다.

어느 사찰에서 영어로 소망이 적힌 기와를 만났다. 부처는 소망하는 자의 생김새와 언어가 다르다고 그이의 마음을 모르거나 차별하지는 않을 것이다. 간절함은 마음에서 마음으로 전해지는 일이고, 진지함으로 가닿는 일이니까. 이것은 비단 종교에만 적용되는 게 아니다. 사람 사이의 관계에서도 매한가지다. 진득함과 간절함 없이는 다른 이에게 소소한 마음조차도 전해질 리 없다. 부처든, 낯선 누군가든 그들의 마음을 움직이는 법은 뜻밖에 간명하다.

간절하게 그리고 진실하게!

지나가듯 건성으로 읊는 희망은 무책임하게 내뱉는 꿈의 껍질에 불과하다. 그래서일까, 희망보다는 소망이라는 단어가 솔직한 고백처럼 마음의 심지를 건드린다. 간절한 소망처럼 기와는 여전히 단단함으로 많은 것을 지켜내고 있다.

비록 얼굴은 검지만 환한 심지를 품은 기와가 좋다.

3

다가가 안아야만

느낄 수 있는 온기들, 사랑들

저는 섬에 있습니다. 이 섬에서 그 섬, 혹은 저 섬인 당신을 봅니다. 공룡 발자국이 규칙적으로, 때때로 다급한 보폭으로 당신 쪽으로 찍혀 있는 거대한 검은 바위에 서 있습니다. 발자국은 완만한 기울기로 바닷속으로, 당신에게로 잠영해 들어가는 바위와 함께 사라졌습니다.
어디로 갔을까요, 공룡은. 당신에게로 향하고 있었을까요?

장사도, 증도는 바닷물이 들고 날 때마다 제가 서 있는 섬, 사도와 만났다가 헤어지고는 합니다. 일 년에 한 번만 까마귀와 까치의 등짝을 밟고 가서야 겨우 만날 수 있는 견우와 직녀처럼 만나고 헤어지기를 수없이 반복했을 테지요. 그들은 별이었으니 섬과 다를 바가 없겠다는 생각이 듭니다.
지도를 펼쳐 아스라한 거리에 아슬아슬하게 떠 있는 당신을 찾습니다. '추도, 상계도, 낭도, 상화도, 하화도' 하나씩 이름을 호명해보지만 당신과는 어울리지 않습니다. 자그마하고 둥근 당신의 어깨보다 더 크고 두꺼워서 단박에 당신이 아니란 걸 알아챘습니다. 그렇게 지도 위를 손가락 끝으로 훑으니 드디어 당신입니다.

'부도!'

그랬군요. 당신도 나처럼 부유하는 존재였군요. 당신의 이름만으로도 충분히 알겠습니다. 우리 모두가 섬인 걸, 섬인 채로 살고 있음을. 바닷가에 서서 섬이 되어 있으니 가슴 한구석에서는 미처 빠져나가지 못한 바람이 휘휘 돕니다. 다가서지 못한 채 멀리서 지켜보기만 했던 이들이 선연히 떠오르고, 그들을 향한 그리움이, 아쉬움이 마구잡이로 쏟아져 나뒹굽니다.

수평선에 점처럼 아스라이 박혀 있는 당신은 다가갈 수 없는 이상향 같습니다. 그래서 슬픕니다. 마음속에 큰 점으로 찍혀 있는 피안의 땅. 몸 대부분을 바다에 담그고 있으면서도 육지의 꿈을 꾸는 고래 등짝 같은 섬. 가능하다면 언젠가 한번은 이루어야 할 목표거나 결코 무너뜨려서는 안 될 신념 같다고나 할까요? 아닙니다. 이상향이란 단어는 왠지 행방이 묘연한 실종된 가족 같습니다. 찾아 나서기도 어렵고, 아무 일 없었던 듯 손 놓고 있기도 애매해서 실망만 안겨줄 것 같습니다. 제게 이상향은 희망이라는 단어만큼이나 멀고 외진 곳입니다.

아스라이 떨어져서 온몸으로 그 거리를 보여주는 당신은 아련하기만 합니다. 그렇기에 섬인 당신은 현실과 비현실의 접경지대이자, 온전히 내 것이 될 수 없는 타인이며 대상입니다. 뒤척이는 대양 위에 몸을 세운 당신은 너그럽기만 합니다. 파도가 어떤 세기로 달려들든지 달게 품고 있으니까요. 지난날 저지른 자신의 과오에 대한 징벌로 여기듯 말입니다.

당신은 서랍 맨 밑바닥에서 발견한 빛바랜 사진 같아서 해묵은 시간을 들춰도 오히려 편안합니다. 뒤척일 때마다 신음하는 침대 매트리스지만 버릴 수 없는 건 익숙한 체취와 따스함 때문이겠지요. 몸을 빼려 해도 쉬이 그럴 수 없는 사랑하는 이의 품처럼 말이지요. 당신이 그러합니다.

섬에서 내 안의 나를 만납니다. 가닿을 수 없는, 그러나 작정만 하면 가닿을 것 같은 거리에 내 사랑과 소망했던 대상이 있을 듯해요. 다가가서 내 품으로 안아야만 온전히 느낄 수 있는 온기가, 사랑이, 감정이 저기 가까이에 있지 않을까요? 희뿌연 해무 속에 수직이자 수평으로 서 있는 당신. 섬인 당신은 바다 위에서 부유하는 존재가 아닙니다. 김승옥은 「환상 수첩」에서

'저 백파의 바다를 넘어서 섬으로 갈 이유가 무엇인가?'라고 물었지만, 내게는 모든 것을 걸고서라도 다가서야 할 대상처럼 보이는 건 왜일까요?

멀지 않은 곳에 있기에 갈망은 커집니다. 건널 수 있거나 손에 잡힐 듯이 보이지만 마음으로 재는 거리는 멀기만 합니다. 허나 두렵지 않습니다. 한 걸음씩 묵묵히 다가가 두 팔로, 가슴으로 싸안으렵니다. 사랑하는 당신에게도 그리하렵니다. 어느 틈에 다가와 세상을 따스하게 안는 봄의 몸짓으로 포옹하렵니다. 그리하여 내 속의 해묵은 감정들이 어떠한지를 숨김없이 꺼내 보일 것입니다.

당신이 그립다면 당신에게로 가야 합니다. 벽이라도 있다면 허물고 가야 하겠지요. 아득한 거리라고 바위처럼 서서 아쉬움만, 그리움만 말하지 않기로 합니다. 공룡이 당신을 향해 바닷속으로 뛰어들었듯이 그렇게 해야 할 때입니다. 와락, 당신을 안는 순간 눈앞에 펼쳐져 있던 짙은 안개는 흩어지고 무엇을 그토록 오래 기다렸는지 깨닫게 될지도 모릅니다. 일 년에 한 번이 아니라 수백 년, 아니 수천 년에 한 번밖에 안지 못한다 하더라도 다가가 힘껏 안아야겠지요.

그제야 다시, 기다릴 힘을 얻겠지요. 모든 소망을 기립시키는 간절함과 애틋함이 포개어진 기다림의 시간을 견딜 수 있게 되겠지요.

4

사랑에도
허락이 필요한가요?

이 봄, 대문을 닫아건 집이 뜻밖에 많다. 한적한 시골 마을의 풍경이 이렇듯 꽉 닫힌 세계라 생각하니 조금 슬퍼졌다. 골목 귀퉁이에 있는 한 집은 굳게 닫힌 문에 팻말까지 내걸었다. '주인 허락 없이는 들어가지 마시오.'라는 글귀가 까치밥처럼 외롭고도 아슬아슬하다. 누군가가 허락 없이 집에 발을 들여놓았던 적이라도 있었던가?

그렇게 닫힌다.
문이, 마음이.

닫거나, 열거나 어느 것이 먼저일까?
'닫음'은 열었던 걸 제자리로 되돌리는 행위다. 닫힌 것이 열리고, 열린 것은 닫힌다. 이를테면, 사랑은 마음의 문을 여는 일이고 이별은 마음의 문을 통탕거리며 다시 닫아버리는 일이다. 굳게 입을 다물어버리듯 마음도 그렇게 닫힌다. 발설하고 싶지 않은, 폐기시키고 싶은 기억들이 닫힌 세계 안에서 갇힌 채 우리를 괴롭힌다.

집집마다 인기척이 없다. 어디로 꽃놀이라도 갔으면 좋으련만, 들과 밭으로 산으로 일을 나간 까닭이다. 따스한 봄이 돌아오면 농부의 근육과 뼈, 정신은 본능적으로 몸을 대지로 내보내야 하는 것을 안다. 땅과 자연과 더불어 살아온 까닭이다.
겨우내 모든 걸 망각한 듯 지내다가도 때가 되면 각인된 절기들이 몸을 흔들어 마법처럼 깨운다. 지루하고 갑갑하던 겨울의 일상이 자못 심심하고 견디기 어려웠으리라. 부리던 몸을 놀리면 슬슬 기운도 빠져서 괜히 잔병치레가 는다. 그러니 흔쾌히 몸을 일으켜 이 봄과 대지의 부름에 응답하듯 나섰을 것이다. 농사일이 몸에 익숙해진 까닭일까, 아니면 타고난 농부의 천성일까? 지루함을 견디지 못한 근육의 자발적 투항일지도 모른다. 몸을 움직이기 시작하면서 농한기 동안 녹슨 몸을 푼다.

대문들은 굳게 닫혔고, 마을은 침묵을 배우는 어린아이처럼 다소곳하다. 허락을 받고 싶어도 주인이 없으니 담 너머로, 대문 사이로 집 안을 넘어다볼 뿐이다. 닫힌 문을 무작정 밀고 들어설 수도 없으니.
사랑도 그렇다. 내 마음을 당신에게 열었듯 당신이 마음의 문을 열어주기 전에는 결코 그 영토로 들어설 수 없다. 마음의 빗장은 의외로 헐겁지만 예상처럼 완고하다. 열리지 않는다면 짝사랑이나 하다 말아야 한다. 마음이 누구에게로 향하는 일은 자신의 의지와는 상관없는 일이기에 곤혹스럽다. 허락 없이도 마음은 틈만 나면 들락날락거리고 바람이 든다. 발정이 난 고양이가 날렵하게 담을 넘듯이 마음은 주인의 허락 따위는 안중에 없다. 그러고서는 덜컥 새끼를 배어온다. 어느 순간, 마음에 사랑이 그득 채워져서 감당할 수 없는 지경에 이르는 것이다.

어쩌면 다행이다.
당신에게 허락받듯 나 자신에게서도 허락을 받아야 한다면 그 얼마나 모질고 힘든 일인가. 절집 어느 모퉁이에서 대웅전으로 향하는 길을 일러주던 안내판을 본 적이 있다. 그것을 보며 사랑에 대해서도 저렇듯 명쾌하게 길을 일러주면 좋을 것이라 생각했다. 그러나 어리석은 기대다. 사랑을, 사람을 향해 가는 방도를 쉬이 얻으면 사랑의 간절함도 더불어 사라질 것이니. 찌

릿하지도, 저릿하지도 않은 사랑이 필요하기나 할까. 그런 사람에게 가닿고 싶기나 할까?

사랑의 묘미는 알지 못하는 미지의 마음속을 탐험하는 일이지 않은가. 지지고 볶는 그 사소한 일상과 감정 속에서 사랑이 다가온다. 그렇게 슬그머니 우리 안에 그득 차는 것이다.

지나간 사랑 하나, 하나가 물 위의 꽃처럼 떠올랐다. 마음의 문을 열어 기꺼이 들어서는 것을 허락해주었던 그들이 지금에서야 고맙다. 미안하고 후회스러운 일이 많다. 그들의 슬픔과 아픔 앞에서 무릎이라도 꿇을 수 있다면 그러고 싶다. 마음 오가는 것에만 신경 썼을 뿐, 그 마음을 어찌 다뤄야 하는지 모른 채로 살았던 그 시절의 내가 여전히 그 자리에 서서 지금의 나를 바라보고 있다.

미련하게도 이 좋은 봄날에 철 지난 해변의 쓸쓸함 같은 지난 사랑이 고개를 쳐드는 것일까. 다시 돌아간다 해도 완벽한 사랑은 꿈도 못 꿔볼 것인데. 그럼에도, 나는 다시 사랑을 할 것이다. 지독한 사랑이 오더라도 막아서지 않고 마음을 활짝 열어주리라. 무작스럽게 다시 닫히는 한이 있더라도, 더는 사랑을 믿지 않는 나이가 되었다 하더라도 그 길을 마저 다 열어야 한다.

한 사람의 마음을 여는 일만큼 가슴 떨리는 일도 없으니…….

사랑도 이렇듯 명쾌하게 길을 일러주면 좋을 것이라 생각했다.

대웅
출입

5

천 리 가는 은목서 향기처럼
느리지만 습습하게

너는 태양에 대항하듯 마주 서 있다. 지상으로 투신하는 온기를 샅샅이 받아내려는 듯 푸른 잎들은 단단하게 허공을 떠받았다. 너는 이제 막 꽃이 피기 시작한 맨몸의 계절에 벌써 여름의 옷을 입고 있다. 그 낯선 푸른 옷 때문이었을까. 홀로 타국의 어느 섬에서 게으름 피우며 한가로이 시간을 죽이던 젊은 날의 내가 떠올랐다.

작열하는 태양을 피해 야자수 그늘에 들어앉아 생소한 이름과 맛을 지닌 맥주를 홀짝거리며 시와 소설을 읽던 그때. 좋은 글을 쓰고 싶다는 욕망으로 가득했지만 써대는 건 고작 진부한 넋두리뿐이었다. 재능의 부재를 핑계 삼아 온갖 책을 집어삼키던 내게 열대의 바닷가는 훌륭한 안식처였다. 밥벌이로서의 일은 시무룩했고 시답잖은 차였다. 그렇다고 육체의 안락만을 쫓아온 도피는 아니었다.
갈망했고, 그 갈망을 받아줄 머리와 감각이 어설픈 이성에 꽁꽁 싸매져 있던 시절이었다. '왜 내게는 없는 걸까?' 하는 냉소를 거두고 적당한 취기와 행복감에 젖은 채 보낸 나흘은 낙원에서의 유희 그 자체였다. 지금의 네가 꼭 그때의 나 같다. 바람에 그네를 타며 반짝거리는 너의 명찰을 읽는다.

은목서, 이름이 곱다.

고운 이름에서는 향기가 난다. 한 시절 꽃처럼 사랑했던 당신 이름도 그랬다. 당신이 금목서를 좋아한다고 했을 때, 속으로 '나는 은목서.' 하고 읊조렸다. 당신은 노란 꽃을, 나는 흰 꽃을 좋아했던 것이다.
얼굴 한 번 본 적 없는 당신에게 끌렸던 건 이름 때문이었다. 소설 속에서나 나올 법한 이름. 긴 여운을 남기며 오래도록 머릿속을 맴돌던 이름. 그리하여 내 마음 전부를 빼앗아가 버린 그 아픔의 상징. 그렇게 아스라이 내 추억과 중첩된 너의 이름. 그런 네 앞에서 지난 사랑의 이름을 몇 번이고 되뇌어 불렀고 그 사람은 대답이 없다.

너를 처음으로 본 것은 어느 고택 담장 곁이었다. 무성한 잎으로 집 안 풍경을 은은하게 가로막으며 담장의 눈가림으로 서 있었다. 때로 삼일장이나 오일장에서 묘목으로 나선 너와 마주치기도 했다. 그렇게 우연하게라도 만났으면서도 단박에 알아보지 못한 것이 여러 번이다. 얼굴과 이름을 하나로 일치시키지 못하는 쓸모없는 눈을 가져서 그렇다. 그럼에도 너의 싱그러운 잎은 내게 은목서로 불리기 이전부터 나를 기분 좋게 만들었다.
너는 시월 즈음에 꽃을 피운다지. 그 꽃에서는 진한 사탕 향이 홍수처럼 밀려나와 무려 천 리를 간다는 풍문을 들었다. 솔깃하게 들렸으나 믿을 수는 없었다. 아둔한 내 코는 천 리가 아니라 십 리 밖에서도 네 향기를 더듬지 못했다.

바람이 잎을 뒤적일 때마다 너는 고운 몸짓으로 반짝거렸다. 건너편에 서서 너의 전부, 온몸을 샅샅이 훑는다. 빽빽하게 서로의 몸과 몸에 기대고 선 너에게는 아직 향기가 없다. 햇살을 막아 만든 너의 그늘로 들어서니, 시월에나 필 꽃의 달콤한 사탕 향이 날 것만 같다.
푸른 네 몸 아래에는 낮고 조그만 사립문이 있다. 안을 들여다보니 우물 안에서 올려다본 하늘만큼 좁은 마당이 하얗게 빛나고 있다. 짙은 초록 사이로 보이는 마당 풍경이 단아하면서도 정갈하다. 문에 기대서니 머리 위로 너의 찬란한 잎들이 수런거리는 소리가 가득하다. 문 안팎으로는 봄 햇살이 평온한 빛깔로 존재의 정수리마다 공평하게 뿌려진다.

눈을 감고서 시월 어느 날 천 리 길 떠나는 사향 향을 떠올린다. 다리 없는 향기는 지치지 않는 걸음으로 산과 강, 들을 건너 먼 길을 가리라. 사람 모여 사는 마을을 지나거나, 곡식으로 뒤덮인 너른 들녘을 건너기도 할 것이다. 마을과 들판, 강과 산을 건너던 향기는 지상에 뿌리내린 모든 것의 마음을 흔들어 사랑에 빠지게 하고, 잊었던 행복을 깨우치게 하리라.

꽃에서 돋아난 향기가 천 리 길을 떠나려면 한두 계절은 지나야 한다. 싱싱하고 뜨거운 두 번의 계절을 보낸 시월 어느 날 밤에 그 길을 떠날까. 성큼성큼 큰 걸음으로도 시간을, 계절을 앞질러 갈 수는 없다. 서두르지 않고 느릿느릿 가야 한다. 급한 걸음으로 가다가는 무릎이 시큰거리고 종아리와 허벅지 근육이 단단하게 굳어 하루에 십 리 길 가기도 벅찰 것이다. 너는 봄의 온기를 모으고 모아 제 몸에 품었다가 향기로 내보내리라. 그 힘으로 천 리 길을 나아갈 수 있도록.

느리지만 습습하게 걷다가 가닿는 곳은 어디일까?

삶도 그리 가야 쉬이 지치지 않을 테지. 마음이 서두르면 몸이 고생한다. 마음과 몸이 삶과 하나되어 길을 밀고서 가야 한다. 달콤하고 쌉싸름한 삶의 온기를 잃지 않고서 나비 걸음으로, 뜨거운 타국의 바닷가에서 뒹굴뒹굴하며 게으름 피우듯 그리 느긋하게 걸어야 한다.

6

물고기가 돌에 갇힌 사연

돌이 나를 불러 세웠습니다. 실은 돌이 아니라 그가 나에게 손짓을 했어요. 나는 비밀이라도 탐지하는 몸짓으로 돌을새김된 그의 맨몸을 좌에서 우로 살핍니다. 그러자 순식간에 당신과 내가 있던 소래포구가 퍼덕거리기 시작했어요.

번잡하게 살아 움직이는 그 비릿한 포구는 환상적인 사랑의 세계로 제 기억에 뿌리내렸어요. 일시적으로 열렸다가 닫혀버린 그 세계가 내게 베푼 호의를 기억하며 이 계절을 보내고 있어요. 다만 그 짧고도 강렬한 호의 덕분에 지속하고 싶은 이기적인 욕망과 지켜내지 못한 아쉬움이 뒤범벅되어 내 심장에 칼을 들이대기는 했지만 말이죠.

당신과 처음으로 도시를 벗어나 서쪽 바닷가로 갔을 때예요. 긴장과 쑥스러움이 당신과 나 사이를 가로지르며 흘렀지만 포구의 소동과 소음에 그 감정들은 모두 혼이 빠진 채 덜거덕거렸죠. 그때 당신이 내게 팔짱을 꼈고 그 낯선 거리가 따스하고 환한 빛으로 가득 찼지요. 그 순간 내 눈에 뭐가 보였는지 아세요?

숭어.

작은 수족관에 갇혀 있던 물고기.

늘씬한 몸에 단단하면서도 반짝거리는 비늘을 지닌 숭어는 사방이 막힌 좁은 유리 속에서 헐떡거리고 있었어요. 그런데 숨 막히는 건 오히려 숭어를 지켜보는 저였어요. 웃기지 않아요? 갇힌 물고기보다 갇힌 걸 바라보는 제가 더 힘겹다니요. 숭어가 입을 벙긋거릴 때마다, 내게 무슨 말이라도 하려는 것이거나 답답함을 견디지 못하고 내지르는 절규라고 생각했어요. 그때 저는 당신과 나 사이에 놓인 거리가 어느 순간 황무지로 변해버릴지도 모른다는 슬픈 생각을 했어요. 어째서 숭어를 보는데 이 뜨겁고 황홀한 둘 사이의 거리에 거대한 바위가 벽처럼 들어앉을 것을 환영으로 보았던 걸까요? 사는 동안 내가 저지른 어떤 잘못이나 거짓이 부메랑이 되어 돌아올 것을 직감했던 것이겠지요.

그에게 질문을 했어요.
"거기 당신, 왜 수족관도 아닌 돌에 갇혀 사는 거죠?"

자신이 지은 죄로 인해 풍경에 매달려 '땡그랑 땡그랑' 하며 사람들에게 인과응보에 대해 떠들어야 하는 물고기처럼 그도 죄를 지어 돌에 갇힌 것일까요. 누구에게나 사연 하나쯤 있기 마련이잖아요. 내가 그러하고 당신이 그러하듯이. 물론, 그는 답을 하지 않아요. 그저, 봄의 따스한 기운을 받아 크게 한 번 솟구쳐보지만 그는 여전히 돌 속입니다. 한 번 더 힘차게 퍼덕이면 돌 밖으로 튕겨져 나올 것 같은 몸짓이지만 제 무게를 이겨내지 못합니다. 내 삶도 그와 다름없겠지요.
가벼워지자, 가벼워져서 흔적도 없이 지워지자고 했던 저였습니다. 그런데 오늘은 날이 정말 좋아요. 이렇듯 까무러치게 멋진 날에 사라지려는 마음은 잠시 미뤄 두어도 괜찮겠어요. 아니면 지금 이 순간에 고요하게 곱게 흔적도 없이 깨끗이 지워지던지.
수억 년 동안 지층에 눌린 삼엽충도 깨어날 것 같은 날에 저는 생의 무게에 대해 생각해요. 삶이 무겁다고 여긴 적이 많았었거든요. 늘 그랬죠. 알 수 없는 중압감에 통증을 느꼈어요. 그 통증을 견디지 못하고 일주일에 한두 번씩 일수 찍듯이 동네 목욕탕으로 달려가 호텔에서 이름 꽤나 날렸다는 늙은 사내에게 몸을 맡길 정도였으니까요. 만 오천 원으로 누리는 호사였죠. 그것은 미봉책일 뿐이었어요. 늘 그렇게 임시방편만 찾아다녔던 것 같아요. 시간이 꽤 흐른 후 알게 되었어요. 삶이 아니라 내 마음에 터를 잡은 욕심과 욕망의 무게 때문이었음을. 그리 팍팍한 삶이 아니었음을. 그럭저럭 살 만한 인생이었음에도 잘난 이들과 비교하며 몸부림치듯 살았던 거예요. 제 것이 아닌 낯선 타인의 삶을 걸치려 하며 살았으니 그렇게 힘겨울 수밖에요. 마음이 가벼워지면 삶 자체도 더불어 가벼워지고 한결 수월하다는 걸 미련하게도 나이 들어 겨우 알게 되었어요. 어떻게 하든 삶이 쉬워지는 것이 아니라 삶의 방식이 경쾌해질 뿐이란 걸 깨닫고 말았죠.

혹 부주의해서,
혹 내 거짓에 내가 속아서
당신을 잡지 못하고 놓쳐버렸다 하더라도
그때를 추억하는 것이, 더듬는 것이
문제인가요?

삶에 어떤 까닭이 있겠지요. 당신이 알지 못하고, 돌에 갇힌 그가 알지 못하고, 수족관에 갇혀 있던 숭어가 알지 못하고, 내가 알지 못하는 이유들이 있다는걸.

7

드러냄과 감춤,
그 사이의 진실

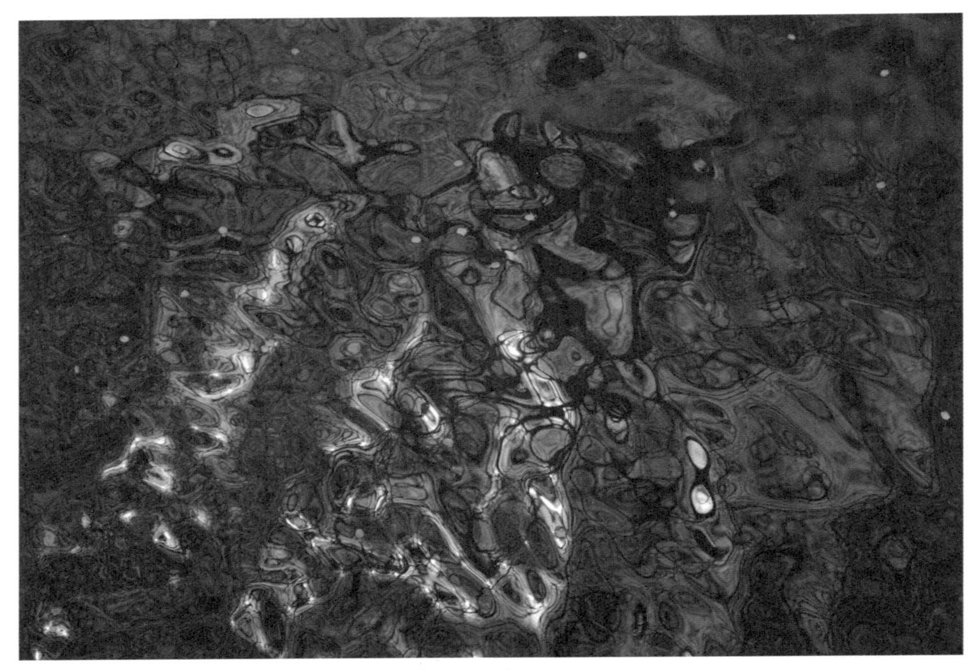

진실은 진실일까?

이따금, '진실'이라는 문제 앞에서 혼란스럽다. 언젠가 당신이 "나 사랑해요?" 하고 물어왔을 때, 나는 사랑을 정확하게 알지 못해서 머뭇거려야만 했다. 그 질문에 답하는 일이 시를 쓰는 것보다 어려웠다. 질문을 받는 순간 당장에 말문이 턱 하니 막혔다. 변하는 것이라면, 사랑이 그런 것이라면 사랑이라 부르고 싶지 않다고 확신하는 내게 그 문제는 언제나 난감하다. 당신은 내심 시원한 대답을 기대하는 눈치다. 몇 가지 의문이 내 안에 있었지만 꾹 참고 사랑한다고 대답하니 비로소 싱긋 웃으며 "나도 사랑해!" 하며 웃었다. 난 속으로 생각했다.

'내가 사랑하고 있다는 것이 진실인가.'

'지금의 사랑이 처음의 사랑과 같은 모습인가.'

'변하는 사랑이라면 이미 사랑이 아니지 않은가.'

쓸모없는 질문들로 내 머릿속은 복잡했다.

진실이라 믿었던 것이 진실이 맞느냐는 진위를 떠나서 이러한 의문이 슬그머니 고개를 쳐드는 순간, 그동안 품었던 확신은 순식간에 붕괴된다. 단언할 만한 것이 세상에 몇이나 되던가. 확고하다 믿었던 것이 불확실한 기억과 시시각각 변주되는 감정에 따라 쉴 새 없이 왜곡되고 변형되지 않던가.

진실은 태어나는 순간, 이미 최초의 진실로부터 변질되고 있다. 그렇기에 처음의 탄생 시점과 동일하다고 말할 엄두가 나지 않는다. 흐르는 시간 속 지금 이 순간의 생각과 행동만이 현재에 가장 충실한 진실이거나 감정일 것이다. 흘러간 것을 되돌리거나 붙잡을 수는 없다. 지금 내 앞에 흐르는 그것만이 현재이듯. 진실은 더딘 걸음으로 다가오더니 아주 짧은 순간만 내 앞에 머물다가, 끊임없이 흐르는 변주곡처럼 몸을 바꾸며 과거로 자리를 옮겨간다.

나는 지금껏 나만의 진실을 감추며 살았다. 어떤 것은 굳게 입을 다물어 버려서 진실의 이야기를 말할 기회조차 상실한 경우도 부지기수였다. 굳이 누군가에게 진실을 내보일 까닭도 없었다. 그 누구도 모르는 것이 아무래도 속 편하니까. 불편함을 꺼리는 내 이기적인 심정으로 침묵했다. 아니다. 침묵이 가장 쉬웠기 때문이다. 설명의 수사를 덕지덕지 붙이는 짓도 귀찮았고, 발설된 진실로 인해 관계가 불편해지는 건 더더욱 참을 수 없는 일이었다. 돌이켜보니 나는 오지도 않은 시간과 문제에 사로잡혀 있었다. 뒷날을 걱정하지 않고 솔직한 현재의 자신과 만났어야 했다. 진실과의 만남은 당연하다는 듯 어긋났고, 나 자신도 그것을 회피해왔다.
물론 진실을 은폐하고만 있었던 것도 아니다. 뜻하지 않게 진실의 전모가 밝혀지기도 했다. 두꺼운 장막에 감춰져 있던 진실이 어떤 이에게는 봇물 터지듯 쏟아져 나오기도 했다. 갑갑함을 견디지 못한 자발적 혹은 우발적인 감정으로 인해서. 이것이야말로 가장 자연스런 감정의 발현이고 토로라고 나는 믿었다. 감정에 휩쓸렸던 것이든, 아니든 간에 다물고 있던 것을 토악질로 뱉어내면서 아주 잠깐 불안한 얼굴이 되기는 했지만 어떠한 부정적인 결과를 초래하지는 않았다. 사소한 것으로 치부될 만큼 진실은 그렇게 가벼웠고 나만이 무겁게 받아들이고 있었을 뿐이었다.
풍경도 이렇듯 드러내고 감춘다. 우리에게 제 모든 것을 펼쳐 보이는 듯하나 그것도 진실의 전부가 아니다. 산길 곁의 한 휴게실로 들어서니 정면에 좁고 긴 창이 있다. 창을 통해 보이는 풍경은 왜곡된 세계, 감춰진 세계다. 솔깃한

비밀이라도 털어놓으려는 듯 바람이 서둘러 다가서며 말한다.

"진실을 보고 있다고 믿지 마라. 우리가 보고 있는 건 언제나 일부일 뿐이니."

타인에게 자신의 일부를 드러내고 많은 부분은 감추듯 진실은 자율신경처럼 기막히고 절묘하게 열림과 닫힘의 간격을 유지한다. 그렇기에 감춤과 드러냄은 오해와 환상을 유발한다. 떠나간 당신이 내게 최고의 사랑이었다고 믿고 있지만, 그것이 진실인지 아닌지 분명치 않은 것만은 사실이다.

나는 새벽 바다가 좋다. 아이러니하게도 진실을 내보이지 않는 은은한 신비로움 때문이다. 모든 진실이 발가벗겨지는 것은 내게 그리 달갑지 않다. 새벽 바다는 물비늘을 반짝이며 유혹의 눈빛을 보낸다. 나와 지척인 거리에 엄연히 존재하면서 몽환적 사이를 만든다.

다가와도 결코 진실에 대해 알려줄 수 없다고 선언하는 듯한 몸짓.

태양이 뜨면 곧 사라질 환영.

8

세월이 저만치
지나가면 당신은?

시간의 소멸성에 대해 당신은 발작하듯 반응했다. 마치 떠올리지 말아야 할 것을 떠올리기라도 한 듯 싫은 기색을 지었다. 그러고는 늙어가는 몸에 관해서는 어떤 말도 꺼내지 말라고 했다. 당신은 아직 젊어서 그럴 수 있고, 나는 젊지도 늙지도 않아서 무덤덤한 것이라고 생각했다. 틀린 것이 아니라 다른 의견일 뿐이고, 다투고 싶지 않았다. 이해를 할 수 있었으므로.

당신은 싫다고 했지만, 나는 늙는 것이 좋다. 싫은 건 늙는 것이 죄인 양 비아냥거리는 눈들과 한껏 부풀어 오른 몸짓들이다. 시간이 제 삶 속에서 얼마나 빠르게 지나가는지 안다면 그래선 안 된다.
단 한 번도 늙음이나 늙어가는 과정이 싫었던 적은 없다. 존재하는 모든 건 늙는다. 흩어진다. 사라진다. 사라짐은 마치 몸을 감추고 연락 두절된 이별, 가장 아름다운 제 생을 낙하하는 시간 속에서만 새기는 꽃, 수직으로 서서 죽는 빗방울처럼 느닷없다. 쓸쓸하고 덧없지만 그렇게 사라져서 결국 없어지는 것이 슬프다고 한다면, 앞서 건너왔던 시간이 스스로 목숨을 내놓듯 무참해진다. 그렇지 않아도 아득한 삶이 더 아득해져서는, 도대체 뭐가 뭔지도 모르고 살아온 것이 아니냐고 반문하는 자신과 직면이라도 하면 또 어쩔 텐가? 제발, 그래선 안 된다.

호기롭게, 겁도 없이 한 시절을 건너뛸 수 있다면 그렇게라도 살고 싶은 적도 있었다. 가당치 않은 줄 알면서도 건너뛴 시간의 지층 위 풍경을 상상해 보았으나 그것은 진실이 아니라 머리로만 원하던 삶의 그림자에 불과하단 것쯤도 알게 되었다. 싫든 좋든 오롯이 내 발로 딛고 가서 당도한 그곳이 내가 원하던 풍경일 수도 아닐 수도 있고, 후회할 수도 그렇지 않을 수도 있을 것이다. 그렇기에 가닿은 곳에 펼쳐진 풍경이 어떠하냐는 것보다는 나이 먹으며 건너온 시간의 땅, 그 땅의 지형도가 어떤 모습으로 그려졌느냐가 중요하다고 믿는다. 이왕이면 쌓인 눈을 뚫고 나오는 복수초의 노란 꽃처럼 화사했으면 싶을 뿐이다.

원했건 원치 않았건 간에 모든 건 야금야금 흐르는 시간에 잡아먹혀 사라진다. 태어나 죽을 때까지 사라지는 과정 중에 있으며, 사라지기 싫어서 우리는 그토록 더 밝게 자신을 태우는 촛불로 사는 건 아닌가.

사라져서는 어디로 가며, 정말 사라지기는 하는 걸까?

온전히, 제대로.

딸그락, 부스럭거리는 소리에 시선이 담장을 넘는다. 사람은 보이지 않는다. 시간으로 봐서 부엌에서 점심을 준비하는 듯하다. 그때 양철로 지은 벽과 그 벽에 둘둘 말린 채 쌓인 멍석이 보인다. 비와 바람을 막아섰던 양철은 붉게 녹이 슬었고, 잔치 때마다 펼쳐져 손님을 맞았을 멍석은 삭고 있다. 저것들도 사라지는 중이다. 그동안 막아섰던, 맞이했던 것들은 어쩌고.

다시, 당신이 진저리 친 이유를 생각해 보았다. 나이 들어 늙는 과정에서 내보여야 하는 추함이 부끄럽고 싫었으리라. 지금, 이 순간에만 만져서 느낄 수 있는 몸의 긴장과 떨림이, 피부의 매끈함과 탄력이 있다. 시간이 지나면서 그것들이 사라질 뿐이고. 당신에게 빠져들어 매만지던 시선과 손길이 시큰둥해지는 걸 당신은 견딜 수 없는 것이다. 그렇지만 당신은 사라지는 중이다.

이전에 받았던 관심으로부터, 삶으로부터.

벽과 멍석은 내게 애잔함을 주는 동시에 설명하기 어려운 화사한 기척을 내보인다. 너무 깨끗해서 스스로 밟아 더럽혀야만 했던 새 운동화를 아직도 기억한다. 그렇기에 너무 익숙해져서 허술해지고, 허약해지고, 사라지는 중인 저 풍경이 낭만적으로 찬란하다고 중얼거리게 된다. 당신이 저들을 보았다면 아름답다는 소리는커녕 보기도 싫다고 고개를 돌릴 것이다.
시간을 피하자고 몸을 말고 웅크릴 수는 없다. 시간에 포개져서, 세상과 어우러져서 기꺼이 제 삶의 향방을 찾아 나서야 한다. 거룩하면서도 웃기고 제멋대로인 삶이라는 시간에 유연하게 대처하는 방식은, 어깃장을 놓거나 거스르는 것이 아니라 주어진 시간을 아낌없이 바르게 쓰는 것뿐이다. 당장은 순순히 받아들이겠지만 언젠가 크게 한 방 먹이겠다는 각오로.

골목에서 장 냄새가 진동한다. 까치발로 담을 넘겨다보니 장독대가 있다. 된장, 간장, 고추장이 장독 안에서 매서운 겨울을 견뎠는가 보다. 겨울을 횡단해온 묵은 것들이 새로 돋은 꽃보다 더 향기로운 까닭을 저 진한 장 냄새로 넉넉히 알 듯도 싶다. 사는 것이 사라지는 과정이라 할지라도 그러는 중에 더 깊어지고 진해진다. 사라지지 않는 것도 있다는 걸, 사라져서야 더 놀라운 모습으로 남겨지는 것도 있음을 저 풍경이 아니고서야 나라는 사람이 어찌 이해할 수 있겠는가. 미욱한 나는 이렇게 자연과 풍경에게서 힌트를 얻어 이해하고, 겨우 내 안에 품어본다.

돌아가면, 사라지고 있는 모든 것을 내 안에 품어 새기고 싶다.

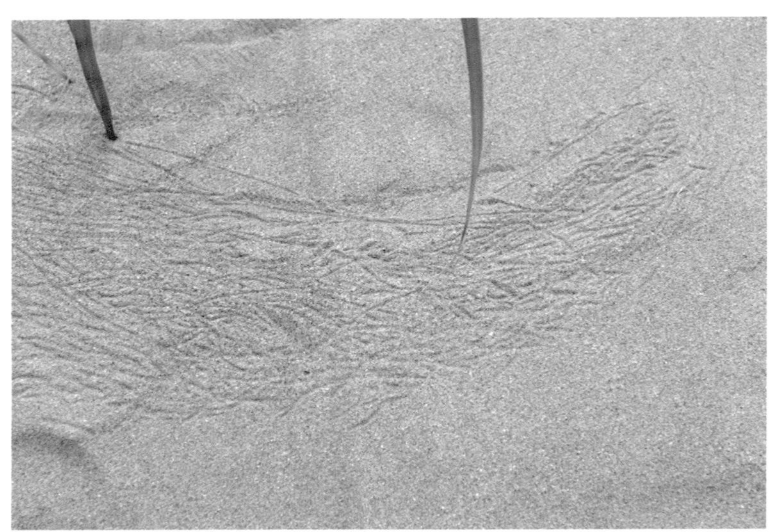

9

여행자의 습관

산 것들을 잡아먹고 누워버린 빈 들판에 섰다. 길은 수많은 갈래가 되어 수평으로 그어진 선 위로 새 떼처럼 산개한다. 나는 들판의 구릉에서 당신을 떠올리며 저 길의 몸, 그것의 선을 따라 걷고 싶어졌다.

당신은 몸에 수천 개의 선을 가지고 있었다.
그 선들은 당신이 뒤척일 적마다 신음하듯 새겨졌다가 희미한 여운만을 남기며 아득하게 지워졌다. 얇고 보드라운 선이었지만, 내가 머물 수 있는 세계와 결코 닿아서는 안 되는 세계를 구분 짓는 삼엄한 국경처럼 단호하게 종과 횡으로 그어졌다. 건너고 싶으나 넘을 수 없는 강이었고 명확하면서 명확하지 않은 경계였다. 나는 시작도 끝도 없이 펼쳐진 익숙하고도 낯선 당신의 몸 극지까지 갔다가 되돌아오고는 했다. 몸의 길에서, 길의 몸에서 마침표를 발견하지 못했으므로 그토록 방황하듯 헤매었다.
이 들판에서 당신이, 당신의 몸이 아련히 떠오른 건 미처 걷지 못한, 머물 수 없는 세계를 탐하려는 욕망이 남긴 낙오자의 긴 그림자다. 평생을 걸어도 다 걷지 못할 길이, 어떻게 해도 내 품에 안을 수 없는 대상이 있게 마련이다. 길에도, 몸에도 마침표는 끝내 없었다. 여행과 사랑은 답을 쓸 수 없는 답안지였고, 흩어지는 몸짓이자 실종된 언어였다.

논바닥에 듬성듬성 푸른 풀이 형광색으로 돋아 있고, 나는 좁은 논둑을 따라 걸었다. 땅은 보드라웠다. 얼어붙었던 땅은 따스한 봄의 손길에 부풀어 오르고 있다. 생명들이 제 몸 깊은 곳까지 들어올 수 있도록, 제게 오는 모든 방문을 받아들이려는 듯 눈빛이 유순하다. 먼 곳으로 보내던 시선을 앞으로 끌어당기니 발치에 보랏빛 꽃이 나를 올려다보고 있다.

'봄까치꽃'이다.

생긴 것과 달리 요상한 이름을 가진 이 녀석은 양지바른 곳이면 복수초보다도 먼저 꽃을 피우는 성질 급한 봄꽃이다. 흔하게 피는 존재면서 관심을 주지 않으면 쉽사리 제 몸을 내보이지 않는 수줍은 꽃. 봄날 까치가 이런 모습이었던가? 이 꽃은 봄이 마침표를 찍을 무렵까지 차례로 한 송이씩 피운다. 아침에 피었다가 저녁이면 져서 생을 마치는 하루살이 꽃이다. 오늘 만난 저 보랏빛 꽃도 내일이면 볼 수 없다. 어제가 될 지금은 내일에게 밀려서 싹싹 지워진다.

짧은 생이기에 습관처럼 살지 않는 이 꽃을 보며, 당신의 몸에 그려졌던 선들이 꽃이었다면 날마다 다른 꽃이 참 많이도 피고 졌겠구나 싶었다. 그 선들은 습관이 아닌 오직 그날에만 그릴 수 있는 선이었다, 돌이켜보니.

그런데 여행자에게는 습관이란 게 있다.

목적지를 정하지도 않고 훌쩍 집을 나선다거나, 느릿느릿한 시골 완행버스만을 고집하거나, 사랑하는 이나 친구 하나 없이 오직 혼자서만 떠나거나, 늘 가던 곳으로 가서는 꼼짝도 않고 그곳에서만 지낸다거나, 시집과 음반을 몇 개씩 챙겨가서 그것들과 오붓한 시간을 보낸다거나, 최소한의 것만을 챙긴 작은 배낭 하나만 메고 간다거나, 가스비와 전기세 등 공과금을 모두 정리한 뒤에야만 떠난다든지…….

이것들은 떠나기 전에 추는 여행자의 주술적 몸짓이다. 주술적이 아니라고 반박할 근거도 없다. 움켜쥐고 있는 제 손바닥 주름에 대한 기대나, 속주머니에 품고만 있어도 든든한 노란 부적에 대한 믿음같이. 지킬 것을 지키기만 하면 별다른 문제가 생기지 않을 거라는 위태로운 믿음이 바로, 몸에 새겨진 기억의 습관이다.

습관적인 여행도 있다. 발바닥이 발작을 일으키는 무료한 일요일 오후거나, 지루한 마음이 간지러워서 견디지 못하고 짐을 싸는 월요일 새벽이 그렇다. 뜬금없이 떠났다가 홀연히 돌아오는 일이 잦아졌다면 몸은 습관에 젖어든 것이다.
습관적이라 해도, 떠남과 돌아옴의 반복이 변화를 추동하는 동기고, 그 자체로 진보의 과정이라 믿었다. 아니, 믿고 싶었다. 그렇게 떠나고 돌아오면서 어제를 잊었고, 오늘과 다시 만났다. 오늘의 길 위에 선 여행은 미래를 향해 출항하는 배였고, 과거에 기댄 여행은 표류하는 배와 같았다.

비가 내리기 시작하면 왜 먼지 냄새가 내 코로 먼저 달려드는지 깨닫지 못하던 어린 날처럼 떠나는 순간에 이미 돌아올 것을 떠올리는 이유를 아직도 잘 모르겠다. 그러면서도 떠나고 싶다며 마음에 배인 습관을 부추기고, 익숙한 냄새와 사물로 가득한 나만의 세계를 닫고 나선다.

한 시절, 나는 이기적인 여행자였다. 어차피 여행은 태생적으로 이기적이다. 자신을 위해 떠나는 것이니.

외로워서,
슬퍼서,
아파서,

힘들어서,

지쳐서,

위태로워서,

지루해서,

복잡해서…… 떠났다. 제 마음 위로하고 매만지려고.

난 조급증에 걸린 듯 서둘렀다. 왜 떠나야만 하는지도 알지 못했다. 알고 싶지도 않았다. 시간을 아끼려고 자동차 속도계는 늘 규정 속도를 어겼고, 나는 영혼이 없는 여행자였다. 현대적 명제에 길들여진 현대인으로서의 여행자인 나는 가치가 아니라 목적이 중심이 된 여행을 했다.

어느 순간 그렇게 되고 말았다. 속도가 삶의 기준이라도 되는 듯이.

시선을 낮춰야만, 관심을 가져야만 보이는 꽃이 있듯 사고의 틀을 바꿔야만 읽히는 삶이 있다. 관심의 안테나를 세우지 않으면 들리지도 보이지도 않는다는 걸 알고 있었는지 모른다. 그러면서도 모른 척하며 지냈던 건 아닐까?

사랑도, 사람도 그렇다. 제게 시선을 주지 않는 것에게 마음을 기울이겠는가. 덩치가 산처럼 커도 관심 없는 친구면 바로 곁을 지나가도 알아보지 못하는 법이다. 그저 목적지를 향해 갈 뿐이다.

시선은 이기적이다.

관심이 있어야지만 비로소 움직이는 본능적 몸짓이니.

여전히 휙휙 지나치고, 관심도 없다. 나 몰라라 한다. 제 것에만 빠져 타인을 헤아리거나 이해하려고도 하지 않는다. 시선은 자유로운 척하지만 자유롭지 못하고 얽매여 있다. 애정도 없다. 세상을 향해 던질 자유롭고도 따스한 시선의 그물은 엉망진창이다.

그럼에도 나는 멈칫, 머뭇거린다. 세상과 삶을 향한 관심과 시선이 아직은 따스한가 보다. 자꾸만 작고 여리고 어려움을 겪는 것에 눈길이 가려 한다.

오늘은 걷다가 쓰러져 그대로 길의 마침표가 되어도 좋을 날이다.

인생은 애달픈 꽃길을 밟고 지나가는 것이다.

10

추억은 죽지 않는다

지난밤, 순천 시내에 있는 허름한 모텔에서 묵었다. 초저녁에 벌써 잠들어 있는 주인을 깨워 숙박비를 계산하고 방으로 올라갔다. 받아간 열쇠로 201호 문을 열자 퀴퀴한 냄새가 코로 들이닥쳤다. 침대보는 갈지 않았거나, 세탁해도 결코 제 빛깔을 찾을 수 없는 케케묵은 것이었다. 락스 냄새가 두통을 일으킬 정도로 진동하는 이불이 침대 한쪽에 개켜져 있었다. 방에는 하나같이 박물관에나 어울릴 듯한 고리타분한 가구와 물건이 마땅히 있어야 할 곳에 있듯이 착착 제자리를 지키고 있었다.

깊은 밤도 아니었고, 이 너저분한 모텔을 박차고 나갈 만큼 용기가 없었던 것도 아니었다. 하지만 이 낡은 방 풍경에 나는 사로잡혔다. 새파란 청춘일 때, 이 근처에서 이틀 밤을 보냈던 기억이 떠올랐기 때문이다.
까칠한 성격에 진작 전화기를 들어 "침대보 갈아주세요!"라고 요구할 수도 있었지만 그러지 않았다. 침대 위에 누워 능글거리며 나를 반기는 거웃을 보고도 역겨움을 느끼기는커녕 무덤덤했다. 에푸수수한 방의 풍경이 오히려 정겨웠다. 갓 스무 살 젊은 청춘의 하숙방 냄새가 났고, 그 방의 표식 같았던 꽃무늬 밍크 이불을 닮았고, 그 꽃밭에서 함께 뒹굴던 첫사랑이 떠올랐다. 망각되어 깊이를 알 수 없는 곳에 침전되었으나 미처 딱딱하게 굳지 않은 시간이 여전히 내 안에 숨 쉬고 있다. 어쩌면 삶의 기쁨 중 하나가 쌓았던 기억을 떠올리며 사는 건 아닐까. 추억의 힘으로 산다는 게 바로 이런 것일 테다.

아는 선배가 순천과 가까운 여수에 살고 있었기에 굳이 순천 시내에서 아까운 돈을 써가며 숙소를 잡을 필요가 없었지만, 까닭이 생겼다. 잊고 있던 기억이 불현듯 찾아와 나에게 하룻밤 묵기를 권했고, 나도 기꺼이, 아니 흔쾌히 주저앉고 싶었다.

대학생이 된 첫해, 여름방학이 되자 친구 넷과 함께 전국으로 여행을 떠났다. 다섯이 경비로 모은 돈은 어느새 밑창을 빤히 내보였고, 여수를 거쳐 남해에서 며칠 지내고 나면 사소한 만남에도 쉬이 들뜨던 이십 대의 첫 여행이 이대로 종지부를 찍을 것 같아 모두들 아쉬워하던 차였다.
그때 한 친구의 입에서 순천에 친척이 있다는 말이 무심결에 튀어나왔고, 친구의 집이 있는 여수로 내려가기 전에 그곳에서 하룻밤 신세를 지기로 했다. 의도는 불순했다. 그 불순함에도 예상할 수 없는 세계가, 미래가 잉태되고 있는 줄 그 누구도 알지 못했다. 불순했으나 그 불순함은 순수한 빛에 가까웠다.
친척 집에서 하룻밤을 묵으면서 얼마간의 용돈도 챙기고, 지리산을 헤매고 다니느라 지친 몸도 추스르자는 얕은 꼼수가 웅크리고 있었다. 하룻밤 자고 난 다음 날 오후에는 계획대로 용돈을 받아 챙겨 여수로 가야만 했다. 더군다나 횟집을 운영하는 친구 아버님의 생신이 그다음 날이 아니었던가. 그럼에도 우리는 꼼짝도 안 했다. 제 집인 듯 굴며 하루를 더 묵었다.

순전히, 동갑내기 여자애 때문이었다. 밀가루처럼 흰 피부와 맑은 표정을 지닌 그녀는 단아하면서도 예뻤다. 사촌지간인 친구를 뺀 나머지 네 명 모두가 그녀에게 반해버렸다. 그녀의 집은 큰길로부터 제법 안쪽으로 들어온 고즈넉한 골목에 있었고, 방앗간을 했다. 우리는 방앗간을 지나 작은 마당이 있는 집 안채의 방 한 칸을 차지했고, 그녀의 방 바로 곁이었다. 간식을 내

주거나 밥상을 차려내는 일까지 그녀가 도맡았다. 늦은 밤, 방문을 두드려 우리에게 자리끼를 건넨 이도 그녀였다. 모두들 그녀를 좋아했고 말을 붙이고 싶어 했으나 아무도 그녀에게 속내가 담긴 말 한마디도 붙이지 못했다. 스무 살의 청춘은 여전히 순박했고 어설펐다. 욕망만 존재할 뿐 그 욕망을 향해 어찌 다가서야 할지 몰랐다.

낮이면 고요가 정갈하게 내려앉은 골목을 걷거나, 시간 아까운 줄 모르고 방앗간 앞에 앉아 수다를 떨었다. 아주머니들이 이고 온 짐을 부려주기도 하고, 쌀을 씻거나 양동이에 물을 받아오는 잔심부름을 하며 밥값을 했다. 이틀의 낮과 밤은 마치 일주일처럼 긴 호흡으로 흐르면서 순식간에 끝이 났다. 여행의 긴장보다 집에 머무는 안정감이 다섯을 사로잡고 있었지만 더 이상 뭉그적거릴 시간이 없었다. 그녀도, 방앗간도, 고요를 풍경처럼 매달고 있는 골목길도 이대로 영영 재회하지 못할 것 같았지만 떠나야 했다. 그렇게 우리는 순백의 빨래 같은 순천을 떠나서 그 가슴 뛰던 추억을 긴 시간 동안 잊고 지냈다. 시간이 흐르고 까맣게 모든 걸 잊고 있던 어느 날, 나는 우연히 그 기억 속 장소로 온 것이다.

그러니 어찌 하룻밤 보내지 않을 수 있겠는가?

이 모텔이 있는 골목이 잊고 있었던 그 순박한 기억을 상기시켰다. 달뜬 청춘들이 순수함을 품었던 곳에서 하룻밤 묵지 않는 건 추억에 대한 배반이다.

추억은 죽지 않는다,

그저 켜켜이 쌓인 삶의 먼지 속에 어렴풋이 잊혀질 뿐이다.

11

우리 인생의 봄날은 몇 번이나 올까요?

시근벌떡거리며 선착장으로 달려왔으나 배는 보이지 않았다. 검표원은 손가락으로 먼 바다에 찍힌 점 하나를 가리켰다. 하루에 두 번만 운행하는 배편 중에 오전에 뜨는 배를 놓치고 말았다. 다음 배를 타기에는 사이 시간이 더위에 늘어진 개 혓바닥마냥 길었고, 하룻밤을 섬에서 보낼 것도 아니어서 막배를 타야 할 이유를 만들 수도 없었다. 모두들 빈 눈동자로 애꿎은 바다만 쏘아봤다.

뭔가를 놓친다는 건 아쉽고 막막한 일이다. 살아오면서 놓친 것이 얼마나 많았을까. 소실점으로 사라지는 배의 뒤꽁무니가 당신을 닮았다. 상처 가득 품고 아파하며 멀어져가던 당신의 쓸쓸한 표정, 절반은 진실이고 절반은 거짓인 가시 돋힌 말들, 그럼에도 여전히 나를 염려하는 마음처럼 보였다. 붙잡지도, 지켜주지도 못한 사랑이 저기, 저렇게 가고 있다. 아픈 마음을 끌고서.

오늘이 아니면 평생 다시 오지 않을 기회를 놓치게 생겼다.

내 평생 몇 번이나 섬에 가볼 것이며, 오늘 들어가려던 섬이 내게 얼마나 귀한 기회였던가를 곱씹을수록 아쉬움은 더욱 커졌다. 인연이 없어서 이렇게 된 것이라 여기자 당신이 나를 찾아오던 날이 떠올랐다. 그때 내가 서울에 없었다거나 급한 일이라도 생겼더라면 그 후로 오래도록 만나지 못했을 수도 있었지만 십여 년만에 우리는 그렇게 만났다. 한 번은 꼭 만나야 하는 인연이 있는가 하면, 어떤 식으로든 만날 수 없는 인연도 있는 법이다.

아쉽지만 섬을 포기하고 길을 돌려 다른 장소로 가든지, 어디 경치 좋은 곳에서 낮술이라도 마시든지 해야 할 상황이었다. 섬으로 들어가기로 한 일행

중 한 명이 약속 시간보다 늦게 나온 탓에다가, 배편이 많을 거라는 불확실한 말만 믿고 연안여객터미널에 확인하지 않은 것이 화근이었다. 지각하여 몸 둘 바를 몰라하던 이가 섬과 가까운 곳으로 가서 낚싯배를 빌어 타고 건너자고 제안했다. 배를 놓치게 한 지각의 대가로 자신이 뱃삯을 내겠다는 조건까지 덧붙였다.

여객선이 아니면 어떠랴. 모두들 그 제안을 수락하지 않을 이유가 없었다. 서둘러 섬과 마주 보고 있는 작은 어촌으로 달려가 빌려 탄 5인승 모터보트는 바다의 푸른 배를 허옇게 갈랐다. 봄 바다를 달려 당도한 섬은 화사한 얼굴로 우리를 반겼다. 백사장은 삼월인데도 불구하고 성급하게 뜨거운 열기를 내뿜었다.

바닷물이 먼 대양으로 끌려나가자 떨어져 있던 자그만 섬 몇이 하나로 이어져 큰 섬으로 바뀌었다. 지도를 살피니 그 봉우리마다 섬으로서 제 이름을 가지고 있었다. 물이 들면 섬이 되었다가 물이 나면 어느새 한 몸으로 뒹구는 섬. 붙었다 떨어졌다 하는 이 섬들도 사랑하는 사이구나, 저리도 간절하게. 사람 관계도 저렇듯 이어졌다 떨어지고, 떨어졌다 되붙듯 하는가 싶었다. 기암으로 둘러싸여 있는 섬 한쪽은 진경산수화 같다.

검고 흉터 가득한 기암도 기분이 좋은지 환한 낯빛이다. 수만 번, 아니 수억 번의 봄을 보냈을 기암 앞에서 내가 맞은 건 겨우 살아온 햇수만큼이란 사실에 놀라고 만다. 수억 년, 아니 그 이상의 시간 동안 이 바위는 솟구치던 처음 그대로 서서 자신이 지나온 시간을 모두 기억하고 있는 것이다. 하나도 놓치지 않고 제 몸에 모두 받아 적었을 테니.

덜컥, 가슴이 내려앉는다. 세상이 좋아졌으니 구십 년쯤 산다고 치면 나는 내 생애 맞을 수 있는 봄이 고작해야 아흔 번이란 뜻이다. 그동안 나는 숱한 봄을 허투루 보냈다. 늘 오고 가는 계절이라고 대수롭지 않게 여겼다. 해가 지면 알아서 집으로 돌아오는 누렁이쯤으로 대했던 것이다.

저기, 봄이 성큼 걸음으로 오고 있고, 기암은 말없이 묵묵하다.

모습은 울퉁불퉁 험상궂지만 한없이 유순한 태도로 봄볕을 제 몸으로 품는다. 수억 년이 지났어도 여전히 몸과 마음이 불덩이처럼 뜨거운 듯 차가운 파도를 피하지 않고 와락 껴안는다, 더 뜨겁게 사랑하자는 듯 눈물겹다. 파도가 물러나자 촘촘히 박힌 구멍마다 수런거리는 소리가 들린다. 조곤조곤 가만가만 이야기 나누는 모습이 당신과 내가 나누던 사랑의 몸짓 같아서 가슴 밑바닥이 아리고 아파왔다. 제대로 지키지 못하고 놓쳐버린 당신이 떠올라서 자꾸만 슬퍼졌다.

사랑이 없는 삶은 죽어버린 나무와 같다. 존재하면서도 살아 있지 않은 삶. 부둥켜안고 뒹굴고 깔깔거리는 그런 생의 봄날이 여기 서성인다.
어느 봄날, 당신 손을 잡고 이곳에 다시 오고 싶다. 혼자가 아닌 둘이서 온 이 섬은 우리에게 어떤 풍경으로 다가올 것이며, 어떤 이야기를 들려줄까?

12

눈을 감고도 볼 수 있을까?

하릴없이 빈둥거리며 경내를 어슬렁거린다. 목적이 없으니 급할 게 없다. 햇살이 달콤하다. 마음이 아이스크림 녹듯 사르르 풀린다. 번잡하지 않은 공간에 머무는 것은 그 자체로 쉼이다. 쉼은 자극으로부터 자신을 떼어놓은 것이며, 날 선 세포들의 감각을 누그러뜨리는 일이다.
뭐라고 간섭하는 이도 없다. 타인의 시선 따위는 애초에 관심 밖이다. 오롯이 홀로인 순간을, 공간 속에 풀어져서 풍경이 된 나를 탐닉한다. 이 순간은 송두리째 나를 위해 써야 하는 시간이다. 마당이며, 지붕이며, 탑이며, 담벼락이며 할 것 없이 고요가 정갈하게 가부좌를 틀고 앉았다. 어쩌면, 나는 이런 적요를 찾아왔는지 모른다. 소란스러움이 숨을 죽이고, 적적하지만 고요해지는 시간을 위해.

나는 인기척을 좋아한다.
그러면서도 곁에 누군가가 있다는 사실이 때때로 불편한 인간이다. 따스한 듯 보이지만 차가운 내면도 함께 지녔다. 냉탕과 온탕을 오가듯 이중적인 나는 꽤나 복잡하고 특이한 사람이다.

이렇듯 포근한 봄날임에도 스님이 거처하는 요사나 지혜의 칼을 뽑아 무명無明의 풀을 벤다는 심검당, 말없이 침묵한다는 적묵당과 같은 법당의 문은 입 무거운 노인처럼 굳게 닫혀 있다. 그 더운 한여름에도 좀처럼 열려 있는 법이 없다. 구도에 방해되는 요소를 최대한 배제하려는 방안일 것이다. 그럼에도 이렇듯 좋은 햇살을, 바람을, 향기를, 기운을 심신으로 끌어와 깨달음의 방도로 삼으면 좋겠다는 건 어쩌면 지극히 인간적인 생각일까.
역시, 나는 지나치게 인간적이다.

문을 닫아두어도, 눈을 감고 있어도, 서성이는 이 봄의 빛깔을, 소동을 보고 듣지 않을 리 없다.
우리는 눈과 코, 귀와 피부로 세상을 느끼지만, 스님은 마음으로 세상과 계절을 느끼며 소통한다. 육신이 아닌 마음의 감각으로 세상을 읽는 것은 눈으로 보는 것과 다를까. 들뜨지 않고 차분하게 내 안으로 가져와 느끼는 봄의 빛깔, 온기, 소리에 대해 스님께 여쭤봐야겠다. 눈이 아닌 마음으로 보는 봄이 갑자기 궁금해지니 말이다.

문과 섬돌 그리고 신발이 놓인 풍경을 카메라에 담는다.
"찰-칵!"
카메라 셔터음이 천둥소리보다 더 크다. 소리에 놀라 서둘러 자리를 피한다. 스님의 고요한 일상을 훼방 놓은 듯하여 마음이 죄스럽다. 셔터 소리에 깨닫는다. 배려와 조심스러움이 필요한 삶의 계절임을.

갑자기 몰려든 중년 일행으로 인해 고즈넉하던 경내는 이내 웅성웅성 소란스러워진다. 그들은 대웅전 뒤꼍과 극락전 앞뜰에 핀 홍매에 탄성을 지른다.
"오매! 이 꽃 좀 보소."
벌이라도 된 듯 꽃과 꽃 사이를 부지런히 오간다. 그들이 감탄하는 대상은 이 봄에 핀 꽃뿐이다. 그 소란 중에 섬돌 위 털신은 반듯함을 잃지 않고, 문살에 핀 꽃은 무심히 고운 자태를 뽐내고 있다. 누가 봐주지 않아도 괜찮아, 하는 초월의 몸짓같이 여유롭고 단단하다.

그런데 왜, 문이며 돌에 새겨진 그 단단한 꽃들이 안쓰럽고 아프게 느껴지는 것일까? 시들지 않는 꽃은 꽃이면서 꽃이 아니므로 그럴 것이다. 화려하게 피었다가 지는, 앞뜰과 뒤꼍에 피어 생생하게 살아 있는 홍대만 못한 인생이면 어쩌지 하는 걱정이 불현듯 내게 온다. 그렇다고 숨 붙은 것만이 가치롭다고 주장한다면 나는 할 말이 없다. 유기체가 아닌 무기체는 모두 가치가 없는 걸까, 진정코?

욕심을 부리는 것이 하찮고 부질없는 일이지만, 허망함 속에서도 흔들리지 않는 진정성으로 제 생에 어떤 흔적, 존재의 무늬를 새기는 일이 초라하거나 의미 없는 일만은 아니지 싶다.
내 생을 마치고 난 뒤에 남겨질 것이 무엇인지 가늠되지 않는 날이다.

사랑했던 당신에게 나는 어떻게 기억되고 있으며, 어떤 흔적으로 남았을까? 나쁜 남자, 거짓말쟁이, 밥맛없는 녀석, 능력 없는 한심한 사내, 힘도 당참도 없는 사내, 지키지 못한 놈…….
어쨌든 좋다.
기억되지 않는 것보다는 나으니까.

13

양파는 맵다,
그리고 달다

몸에서 끙끙 소리가 났다. 바람처럼 쏘다니는 여행도 오래되면 힘에 부치는 모양이다. 이런 나를 보니 먼 세상을 떠도는 바람의 생도 만만찮겠구나 싶어졌다. 머리로는 싱겁다고 여겼던 삶이 몸 밖으로 그 힘겨움을 드러낼 땐 역시 싱거울 리 없다.

잠이 부족했는지 눈이 맵다. 늦은 시각까지 떠돌다가 짧은 잠을 자고 새벽같이 일어나면 절로 신음 소리가 흘러나오곤 했다. 어쩌자고 나는 쉽고 편한 여행을 마다하고 이렇듯 힘들게 길을 떠도는가. 가볍게 살고 싶다고 희망하면서도 그것도 어느새 욕망이 되어 나를 흔든다. 익숙해질 때도 되었건만 길과 삶은 쉬이 길들여지지 않는다. 그래서 한편으로는 슬프고 한편으로는 기쁘다.

오늘은 부러 휴가를 낸 선배와 함께 다니기로 했다. 외로움이 슬금슬금 가슴팍을 파헤치던 중이었는데 길동무가 생기니 상처에 연고를 바른 듯 가려움이 잠잠하다. 어디로 향하는지도 모르면서 선배가 운전하는 차에 올랐다. 목적지를 물으니 선배는 평소의 점잖은 톤이 아닌 달뜬 목소리로 '매운 곳'이라고 대답했다. 매운 게 인생인데 세상에 맵지 않은 곳이 어디 있을까 싶었다. 내 속말을 들은 것인지 선배는 말을 이었다.

"양파 마을로 가는 거야. 요즘이 양파를 수확하는 철이거든."

"이 봄에 추수?"

어쨌거나 그와 나는 봄날에 추수하는 풍경을 사진에 담으러 갔다. 해가 떠오르면서 푸른색은 점점 밝은 빛으로 변했고, 안개는 보이지 않는 세상 어딘가로 말려들어 갔다. 안개 사이로 스미는 햇살은 속살이 비치는 속옷처럼 유혹적이다. 울컥, 뭔가가 그리웠다. 지나간 사랑과 육체의 감미로움이. 그 그리움 끝으로 성황나무가 절묘한 타이밍에 나타났다. 당신의 어여쁜 원피스를 닮은 붉고, 희고, 노랗고, 푸른 천들이 나무에 걸린 채 나부꼈고, 양파밭으로 가득 찬 마을은 푸른 춤을 추고 있었다. 혹독한 시절을 강철처럼 견딘 양파들이다. 눈이 또 시큰거린다. 맵다.

어느 집 옥상으로 올라가 양파를 수확하는 장면을 몇 장 찍고서 마을을 둘러본다. 매번 내 시선을 잡아끄는 건 형형색색 화려한 지붕과 대문들. 대부분 파란색, 빨간색, 초록색 등 원색이다. 이 색들은 형광펜으로 그어 놓은 문장처럼 선명하게 읽혔다. 초록이 돋지 않은 삼월의 풍경에 이 원초적인 색은 차로 돌진하는 하루살이의 저돌적 몸짓과 다르지 않다.
내 눈은 색들의 현란한 유혹을 이기지 못했다. 다소 촌스러웠지만 어여뻐서 '예쁘다, 예쁘다.'를 연발한다. 고운 사람을 앞에 둔 듯이 어떤 풍경 앞에서 모든 감정이 무장해제 된다. 곱고, 착하고, 따스한 것 앞에서 까칠하던 성격이 너그러워지는 건 당연하다.

마을을 걷다가 파란 대문 앞에 섰다. 슬프도록 푸른색이었다. 담벼락에서 떼어져 나와 벽에 난 구멍을 막고 있다. 대문인데 대문이 아닌 채로 서 있는 모습 속에 헤어지던 날의 당신이 오버랩되었다. 말없이 고개를 숙이고 있던 당신을 보듯 힘겨웠다. 푸른 대문과 멀지 않은 곳에 선 붉은 문도 다를 바가 없다. 허름한 창고를 지키는 문은 애절하다. 잠그지 않은 자물쇠를 달고 선 모습은 더욱 서글프다. 자신이 지켜야 할 것이 무엇인지 알기나 할까. 아무것도 모르면서 고운 자태를 뽐내는 사람처럼 의미를 잃은 모습이다. 무엇으로부터 무엇을 지키기 위해 대문은, 문은 그리 섰는가.
누구나 저마다 파란 문이나 빨간 문처럼 어떤 표정을 지어 자신을 드러내거나 감춘다. 제 감정을 타인에게 의도하여 드러내기도 하고, 위선적 표정으로 지금의 상태를 감춰서 자신을 방어하려고도 한다. 본능일 것이다.

내가 감추는 건 내 안에서 자라는 두려움, 슬픔, 아픔, 그리움이다. 두렵기에 드러내지 못하고 평온한 표정과 태도로 숨긴다. 우아함으로 추함을, 선함으로 악함을, 강함으로 약함을 뒤로 감춘다. 마치 양파가 매운맛으로 자신을 지키듯. 그런데 우리는 매운 줄 알면서도 양파를 입에 넣고 씹는다.

때로는 매운 것이 달콤하다.
나쁜 것이 나쁘지만은 아니하듯.

손님도 없는 이발소 앞에서 노인을 만났다. 주름 가득한 그의 얼굴에서 엉뚱하게도 삶의 매운맛이 아니라 고소함을 발견했다. 수줍은 소년의 얼굴이다. 그 나이 든 소년에게 사진 한 장 찍자고 하니 흔쾌히 그러라 한다. 도대체 이 나이 든 소년의 삶은 어떤 맛이었을까? 달콤하면서도, 쌉싸름했을까? 인생이 이리 매콤하고 아픈 줄 알면서도 달콤함 때문에 사는가 보다.
오늘은 왠지 매콤하면서도 달콤한 낙지볶음이 당긴다.

14

민트빛 골목 안에서

마주친 당신

"서-엄" 하고 느린 호흡으로 뱉어본다. 목소리는 멀리 달아나지 못하고 맴돌다가 갈매기의 울음과 배의 엔진 소리에 둘러싸인 채 주저앉았다. 그 순간, 제 입으로 호명된 이름처럼 참을 수 없이 능글거리는 이물감이 차올랐다. 무엇에게도 가닿지 못한 채 부메랑이 되어 내게로 되돌아온 소리는 음이 아니라 낯선 시였다.

아무도 없는 배의 난간에 기대어 단어 하나를 천천히 소리 내어 입 밖으로 풀어놓으면, 그 소리는 토막 나는 생선처럼 분절음이 되어 제 무게를 n분의 1 하며 가벼워졌다. 그러고는 의미를 상실한 표정으로 사라졌다. 단순히 소리로서의 단어가 아니라 입의 몸짓으로서의 형태를 갖고 있었다. 어쩐지 단어로서의 '섬'과 소리로서의 '섬'과 형체로서의 '섬'은 한날한시에 태어난 쌍둥이일지도 모른다. 그를 부르는 순간 서로가 서로를 강하게 끌어당기듯 한곳에 모이는 것을 보면.

배에 오른 순간부터 그가 나를 끌어당기고 있었다. 나는 점점 섬에 가까워지고, 섬을 닮아가고, 섬이 되고 있었다. 토막이 난 불안한 감정들이 꿈틀거리며 존재의 불안을 파편적으로 감지했다.

배에서 내려 선착장이라 하기에도 뭣한 포구에 선 채로 낮고 작은 섬을 망연히 본다. 조용하고 소소한 풍경이다. 쿨럭거리는 소리에 돌아보니 사람들을 싣고 왔던 배는 빈 채로 떠나고 있고, 들끓던 포말은 허연 혀를 날름거리다가 이내 물속으로 자맥질해 들어갔다.

당신이 떠나던 날도 그랬다. 짧은 문장 몇 개와 조금 긴 침묵과 대면해야 했다. 익숙했던 모든 것이 어색하게 느껴졌다. 평소에는 아무렇지도 않던 손동작 하나마저 다르게 이해되었다. 돌아서 가는 당신의 가녀린 뒷모습이 아지랑이처럼 울렁거렸으나, 실은 내가 흔들리고 있었다. 숱하게 울리던 전화기는 소리를 잊었고, 숱한 기억들은 추억이란 가면을 쓰고 어쩌다 들춰보게 되는 보관함으로 들어갔다. 왜, 그때 나는 당신에게 한 번 더 마음이 담긴 문장들을 내뱉지 못한 채, 손가락만 그렇게 매만지며 고개를 떨어뜨리고 있었을까.

"서-엄" 하고 뱉고 나니 신경숙의 「외딴방」과 장 그르니에의 「섬」이란 두 권의 책이 떠올랐다. 집이었다면 당장에 그것들을 찾아내어 소파에 눕듯 몸을 늘어뜨렸을 것이다. 진하게 내린 커피를 옆에 두고 예전에 밑줄 친 문장들을 이 순간의 감정과 감각으로 읽어 내려갔겠지만 나는 섬에 있고, 그 책들은 섬 밖에 있다. 서로 가닿을 수 없는 세계에서 물거품처럼 허튼 손짓만 하다가 사그라질 감정이다. 섬과 섬이 결코 다가설 수 없는 관계의 거리에서 있듯.

외딴 방이든, 외딴 섬이든 이들은 그 자체로 하나의 세계다. 완전하지만 불완전한 세계. 외따로 떨어진 공간은 지극히 내적이어서 타인은 절대로 해독할 수 없는 기억과 경험으로 구체화된 현실 세계이다. 그럼에도 외부와 지속적으로 관계를 맺는다. 지금 내가 두 발로 딛고 있는 이 섬처럼.

섬은 태생적으로 공간의 단절이 지닌 고립의 숙명을 지녔다. 외부에서 바라보면 신세계이지만 여전히 삶의 터전 위에 선 보편적 삶의 무대이다. 불완전하지만 익숙한 삶을 딛고서야 이윽고 완전해지는 낯선 섬.

이 섬에는 한 대의 차도 없다. 당연히 주유소도 없다. 이렇듯 익숙하며 낯설다. 낯선 얼굴을 한 섬의 풍경이 자꾸만 나를 섬의 심층 세계로 이끈다. 섬은 외부 세계와 동일한 시간대를 살고 있지만 완전히 다른 시간의 색을 품고 있었다. 어쩌면 나와 당신은 섬과 섬으로서 동일한 시간대 위를 걷고 있지만 결코 같을 수 없는 세계에 서성이고 있는 것인지 모른다.
바닷가를 거닐다가 정갈하게 경작되어 있는 밭을 가로질러 집들이 몇 채 서 있는 마을로 향한다.

민트빛 골목 안에서 마주친 당신. 리어카.
두 개의 바퀴와 손잡이가 있는 당신은 누군가의 힘에 이끌리지 않으면 어디로도 갈 수 없다. 그러나 당신에게도 지어진 삶의 무게가 있다.
사람이 곧 농기구이고 튼튼한 연장인 이 섬에서 당신은 농부에게 훌륭한 동반자다. 누군가의 힘겨움을 기꺼이 나눠 이고 살았을 당신 앞에서 울컥 눈물이 치밀었다. 무엇을 위해 많은 것을 희생하며 살고 있을까? 이유가 없을 수 없다. 아무 것도 모른 척하며 살고 있는 것인지 모른다.
정갈한 골목 풍경에 서 있는 당신에게서 주인의 깔끔하고 꼼꼼한 성격이 보였다. 그런데 당신 몸에 주인 이름이 매직으로 또렷하게 새겨져 있다. 당신과 함께 사는 이의 이름이다. '정한식'. 당신을 한 번 보고 당신과 함께 사는 주인의 이름을 조용히 읊조리다 어쩐지 잘 어울린다는 생각이 들었다. 도둑 걱정도 없는 이 섬에서 주인은 어쩌자고 저렇게 굵게 제 이름을 남겼을까.

누구에게나 제 기억에서 지워지지 않는, 잊힐 수 없는 이름이 있다.
그런데 당신 이름이 토막 난 기억들 속에서 떠오르지 않는다.
내게서 잊혀지고 있는 것인가, 당신이란 사람.

15

간지럽게,
간절하게

바람이 휙 불고, 새가 꺅 비명을 지른다.
아직도 몹시 춥다고, 외롭다고, 누구라도 좋으니 어떻게 좀 해달라고.

바람은 꽃과 잔가지를 흔들어서 존재를 증명하려 한다. 바람은 왜 보이지 않는 저를 내보이려는지, 나무는 어째서 산의 각도에 맞춰 기우는지에 대해 알 수가 없다. 그저, 바람과 봄볕이 그 기운 틈으로 스며서 작고 여린 꽃과 풀을 깨우는 걸 볼 뿐이다. 숲에서 온 달달한 봄 냄새가 코로 밀고 들어왔다.
당신도 달콤했던가? 탐닉의 대상은 내 감각의 세계에 와 닿아야, 들이닥쳐야 실감 난다. 흉내 내는 것들은 진짜가 아니다. 저기 오는 봄이 허상이 아니라 실체이듯. 머리로 떠올리는 향기는 당신 것이 아니다. 기억의 그림자일 뿐. 당신의 향기는 어디로 다 쓸려가 버린 걸까.

돌산갓김치와 말린 홍합을 좌판에 내놓은 상점 몇을 지나니 향일암 일주문이다. 의도치 않게, 때로는 의도하여 드나들었다. 그때마다 동백꽃이 좌판 위 홍합처럼 지천이었다. 작정이라도 한 듯 다부지게 피어 있었다. 때로 지나치게 흔해서 미웠다. 좋다가 밉다가 하는 마음의 변주는 내 것이지만 무척이나 이상하고 제멋대로다.
계단을 오른다. 호흡이 가쁘다. 도시의 편안함에 길들여진 몸은 꿈쩍도 않고 받아먹기만 한 짐승처럼 위약하기 그지없다. 숨이 깔딱깔딱 목에 걸릴 즈음 대웅전 앞마당이다. 기다렸다는 듯 일순간 구름이 걷히고 햇살이 대양 위에 은빛으로 뿌려진다. 너울을 일으키며 달려온 바람이 단애를 톺아 오른다. 남해 바다가 한눈에 보이는 관음전으로 자리를 옮겨서 해수관세음보살의 시선을 따라가본다. 먼 바다로 시선을 보내고 있는 보살은 무엇을 보려는 것이며, 보아서 어쩌자는 것일까?
차창으로 힐끔거리던 바다와는 차원이 다르다. 깨달음이 파랑주의보를 발령하듯 긴박하게 꿈틀거린다.

바다도 부처다. 저 깊고 너른 품으로 모든 것을 안는 걸 보니.

단애에 선 나무는 오는 바람을 족족 받아 안았다. 일제히 남해 쪽으로 몸을 뻗고서 달려드는 기운을 받으려 안간힘을 쓴다. 어머니의 말이 떠오른다.
"기회가 왔을 때 잡아야지. 자주 오는 게 아니거든. 준비가 안 되어 있으면 기회가 와도 소용이 없지, 잡을 수가 없거든. 바람 같은 것이어서."

그런데 왔는지도 모르게 지나가버린 경우가 너무나 많았다. 맞을 준비가 안 되어 그랬던 것일까. 봄이 왔어도 반갑지 않은 나무는 벌써 죽었거나 죽어가고 있는 것이다. 살아 있으니, 살아가야 하니 간절하고 유쾌하게 몹쓸 생과 한판 붙어야 한다. 저 나무의 몸짓을 조금이라도 닮는다면 삶이 우리에게 뭐라도 내어주지 않을까? 안아달라며 파랗게 쏘아보는 바다처럼, 마음을 달라고 내 목을 간지럽게 핥는 바람처럼 그렇게 떼쓰고 조르기라도 해야 하나. 나무 앞에서 차가움을 누그러뜨린 바람은 달콤하고 상냥하다. 눈이 감긴다.
오래전, 무엇으로 다시 태어난다면 나무이길 원했다. 속이지 않고, 감추지 않고, 마르거나 살찐 속살과 휘어지고 부러진 상처를 송두리째 드러내며 살고 싶었다. 눈 덮인 고도에 선 나무, 온몸으로 눈과 바람을 맞는 나무. 그럼에도 엄연히 숨을 쉬는 나무.

살아 있는 것은 그 자체로 한 편의 시다. 지워지지 않는, 잊힐 수 없는 고운 시다. 그런데 나는 그 소망처럼 살지 못하고 있다. 나무의 진실함을 닮고자 하면서 속이고 감췄다. 그런 까닭에 진실한 풍경이 날카로운 창이 되어 내 마음을 아프게 찔러왔던 것일까?

초봄의 나무가 좋다.
그 무엇으로도 치장하지 않은 정직성과
가지와 가지, 가지와 몸통, 가지와 세상의 겹쳐짐,
어디론가 향하려는 지향성.
그 지향이 전하는 삶의 간절함을 고스란히 느낄 수 있어서 그렇다.
나는 생으로부터 거저 받아먹으며 살려는 나태한 태도가 싫다.
겨울이 다가오면 나무는 물을 뿌리로 내려 보내고 자세를 낮춘다. 그렇지 않으면 가지와 기둥에 든 물이 얼어붙어 자신을 죽일 것이다. 제 생의 봄날이, 호시절이 올 것을 알기에 그리 낮춘다.

섬에서 하루를 고스란히 보냈다. 잘 보냈는지, 의미 있었는지에 대해서는 관심이 없다. 사랑하듯 행복한 마음으로 생의 순간들을 끌어안아 만끽했는지가 중요할 뿐이다. 설령 그렇지 않아도 괜찮다. 내일 다시 하루가 시작될 테고 불현듯 사랑이 찾아와 간지럽게, 간절하게 나를 들쑤실 지도 모르니.

삶의 표정

1

삶의 문제를 풀어줄
마법의 열쇠를 찾아서

절집 어느 기둥에 담뱃갑만 한 쇠 통이 붙어 있다. 용도가 궁금해서 다가가 통의 뚜껑을 들추어 보니 열쇠 하나가 창백한 얼굴로 누워 있다. 몸에는 '12'라는 숫자가 새겨져 있다. 제 짝인 '12'번 자물쇠는 어디로 간 걸까?

두리번거리며 주변을 살폈지만 12번 자물쇠는커녕 그 비슷한 것도 보이질 않는다. 열쇠는 자물쇠의 존재를 뜻했지만 그는 부재했다.
12번 열쇠는 쓰임을 잃고서 상심한 듯 시름시름 앓아누웠다. 제 짝을 잃어버린 열쇠, 삶의 의미를 잃어버린 그는 앞으로 어찌 살아야 할까?

우리는 살면서 예기치 않은 골리앗과 조우한다. 맞닥뜨린 그 거인은 우리를 위협하는 문제나 상황을 뜻한다. 누군가는 '시련'이라고 부르고, 어떤 이는 '시험'이라 말한다. 나는 이것에 휘둘리지 않고 내 방식대로 '전진'하고 싶지만 뭐가 마뜩치 않은지 자꾸 뒤를 신경 쓰고는 했다.
나보다 덩치가 한참 큰 골리앗을 시시한 상대라 치부하거나 무시하는 건 환상적 믿음일 뿐이다. 비늘 갑옷을 입고 청동 방패와 육중한 창을 든 그가 마치 짜고 치는 고스톱처럼 돌멩이 하나에 그렇게 넙죽 쓰러지는 호락호락한 상대일 리 없다. 더군다나 나는 거인의 이마를 한 번에 맞출 만큼 문제 해결에 능숙한 것도 아니고, 돌처럼 단단한 무기도 없다. 험상궂은 얼굴로 내 주위를 빙글빙글 도는 그의 그림자만 어른거려도 용케 남아 있던 용기마저 쪼그라들어 버릴 것 같다. 게다가 거인은 해결의 실마리를 찾을 수 없도록 고함을 지르며 혼이 쏙 빠진 나를 벼랑 끝으로 몰아붙이지 않는가.

한편으로는 반대되는 생각이 고개를 쳐들기도 한다. 삶이 아무리 고달픈들

이런 거인이 몇 번이나 찾아오겠는가? 우리에게 다가오는 대부분의 문제는 늘 그렇듯 알고 보면 시시껄렁한 것들이다. 무서운 얼굴로 죽일 듯 달려들지만 정작 그런 일이 벌어지는 건 드물다. 예기치 못한 사고나 영혼을 집어삼키는 병이 아니고서는 말이다.

'문제'라 여겨지는 것들은 지극히 개인적인 판단이나 고집, 행위가 빚어낸 상황들인데도 간단하게 '어려운 문제'라고 규정지어버린다. 실은 제멋대로 돋는 욕망이 빚어낸 사소한 것일 확률이 높다. 개인적인 힘으로는 도무지 변화시킬 수도, 피할 수도 없는 한계 상황과도 같은 문제가 삶을 가로막을 수도 있다. 그러나 그것이 우리 인생에서 맞닥뜨릴 대부분의 문제는 아닐 것이다.

문제가 있다면 답도 있을 텐데 우습게도 답이 없는 문제가 삶 주변에 매복하며 호시탐탐 기회를 엿본다. 아니, 어쩌면 답이 없는 것이 아니라 실마리를 풀 열쇠를 찾지 못한 것인지도 모른다.

그러나 저기 버젓이 열쇠가 놓여 있다. 난 그를 한번 들었다 놓고 눈짓으로 쓰다듬는다. 누구든지 볼 수 있는 공간에 내놓은 열쇠라면 모양만 열쇠일 뿐 기능적으로는 벌써 의미를 상실한 것이리라. 지나가던 이가 손 내밀어 제 것으로 취할 수 있는 곳에 열쇠가 있고, 그것으로 풀 수 있는 자물쇠가 있다면 의미 없는 자물쇠이고 잠금이 아닌가?

생각이 이쯤에 이르자 엉뚱한 상상이 머릿속을 헤집었다. 저 열쇠는 실재하는 자물쇠를 열거나 닫는 용도가 아니라 마음이란 자물쇠를 잠그고 열어젖히는 것이 아닐까. 자물쇠라는 사물이 아니라 사람의 마음을 여는 열쇠. 만약 그럴 수만 있다면 나는 당장이고 저 열쇠를 들고 당신에게로 달려가리

라. 그리하여 꽉 닫힌 채 차갑게 식은 마음을 열고 들어가 밤 새도록 술을 마시고, 시를 읽고, 사랑하다 잠이 들 것이다. 마음이 다시는 닫히지 않도록, 다시는 아프지 않도록 다독이면서.

마음은 잘 닫히고, 닫히면 잘 열리지 않는다.
나도, 당신도 팍팍한 세상살이에 야박하게 마음을 닫아걸고, 들어서려는 것을 밀쳐내며 산다. 확대되는 관계는 느슨하고 헐거우며, 소심한 관계는 어느덧 약화되고 단절된다. 타인을 경계하고 멀리하는 순간, 진지한 관계 맺기는 좀처럼 진도가 나가지 않는다. 더욱이 요즘처럼 모바일 기기로 나누는 교감은 대체 어디까지가 진실이고 어디까지가 진심인지 알 수도 없다.
이런저런 말들은 난무하지만 그것이 나와 너, 우리라는 관계에 도움은커녕 오히려 차갑고 딱딱한 관계의 세계만 구축하게 될까 겁이 난다. 그러다 보니 열심히 관계를 헤집고 다니던 어느 날, 그것이 아무 짝에도 쓸모없는 허무한 것이 되는 건 아니던가.
무엇이 우리로 하여금 이렇듯 경직된 마음을 갖도록 만들었을까.
무엇으로 그 굳게 닫힌 마음을 풀어헤칠 수 있을까?

이 봄이 따스함과 진실함으로 시시각각 세상을 변화시키듯, 마음을 여는 열쇠도 그것과 다르지 않으리라. '따스함과 진실함'이라 이름 붙은 열쇠를 내 옆구리에 걸어두어서 누구라도 마음의 빗장을 풀고 들어오는 꿈을 이 밤에 꾸었으면 좋겠다.
그 누군가가 바로 당신이라면 더없이 좋은 꿈이리라.

2

땅이 하는 일과
땀이 하는 일

나는 서울에 산다. 그러나 나는 마당이 있는 집에서 살고 싶다. '서울에 산다.'와 '마당 있는 집에 살고 싶다.' 사이에는 꼭 '그러나'라는 접속사가 필요하다. 마당이 있는 집을 살 만큼 돈이 많진 않으니까.
이런 삶의 목표를 주변의 이들에게 털어놓았더니, 하나같이 절망적인 속도로 고개를 가로저었다.

"돈이 남아돌아? 얼마나 비싼데, 불가능한 일이야."
"마당 있는 집이 얼마나 불편한데, 거기서 살려고 해?"

곱게 자란 파를 보면서 해묵은 바람을 새삼스레 떠올렸다. 넓지 않아도 손과 발에 흙을 묻힐 텃밭이나 마당이 있는 집에서 살고 싶다는 소박하지만 욕심과도 같은 꿈을.
대학생이 되어 상경하기 전까지 나는 마당이 있는 집에서만 살았다. 어떨 때는 마당이 제법 커서 한쪽에 채마밭을 둘 정도였다. 그런 추억에 기초한 까닭인지 마당이 있는 집에 대한 꿈을 지갑에 끼워둔 가족사진처럼 품고 다녔다. 주변에 나와 비슷한 생각을 가진 이도 제법 있었지만 모두들 경제적 부담과, 도시의 편리함과 익숙함의 상실을 두려워했다. 이런 내 바람이 분에 넘치게 호사스럽고, 막상 가졌다 하더라도 부지런하지 않으면 그 땅에 풀만 무성해질 거란 부정적 결론을 내리기도 했다. 결코 가지기 어렵고, 가지게 된다 하더라도 힘이 들고 고생할 거라고 믿어버렸다. 마치 신 포도라 여기며 돌아서는 여우처럼 불가능함을 내게 주입시켰다.

빌딩으로 빼곡한 숲에서 삶의 뿌리를 내리고 사는 사람에게 흙을 밟으며 살고 싶다는 바람은 실현 불가능한 것인지 모른다. 그도 그럴 것이 도시에 터를 잡고 사는 현대인에게 한 뼘 공간이라도 가진다는 것은 그만큼 돈이라는 든든한 배경을 필요로 하니 말이다. 그러니 누구라도 그 목표를 실현하기란 만만찮다.

하지만 삶을 바라보는 생각과 방식을 바꾸면 이야기가 달라진다. 이렇게 가정해보자. 당신이 도시에서 시골로 삶의 무대를 옮긴다면? 그 순간 원하던 것을 가질 수 있게 된다. 뒷산을 정원 삼아도 되고, 노는 땅을 빌어 텃밭으로 써도 되니 말이다. 이뿐만이 아니다. 안개, 강, 바람, 새, 꽃, 나무, 바위, 하늘, 비가 모두 내 것이 된다. 자연이 그동안의 삶의 가치를 갈아엎고 새로운 가치를 제시할지도 모른다.

이전보다 덜 쓰고, 적게 소유하고, 소박하게 산다면, 불가능하다 여겼던 바람이 실현 가능하게 된다. 자연이 무릇 그렇게 생태계의 질서를 조율하듯, 당신도 제 삶을 훌륭하게 조율하면서 살 수 있다. 물론, 선택하기까지 많은 어려움이 따를 것이다. 사소하지만 결정해야 하는 문제들이 생길 것이고, 그동안 누리던 많은 것을 포기하거나 내려놓아야 할지도 모른다. 그러나 생이 더 행복해진다면 혁명하듯 다시 시작하여 지난 시간을 전복시킬 만하다.

담벼락에 바투 선 파를 보니 저 붉고 기름진 땅에 씨를 뿌리고, 거름을 주고, 돌을 고르고, 잡초를 솎아내는 소박한 시골에서의 삶이 점점 더 간절해진다. 혹여, 이 생각도 소박하지 않은 생을 담보로 한 일상으로부터의 도주거나 이기적 환상만 아니라면 말이다.

하늘을 향해 허리를 곧게 핀 파의 자태가 삶에의 의지와 닮은 듯 당당하다.

잘 자란 파는 삼일장 혹은 오일장 난전에 서거나, 도회지로 나간 아들네와 시집간 딸에게 보내질 것이다.
땅에 생명의 끈을 잇고 사는 농부의 따스한 심성이 슬쩍 나를 훑고 지나간다. 저 꼿꼿한 기운이 와 닿아 가던 길을 멈춰 서서 오래도록 바라본다.
언제가 될지 알 수는 없으나 흙에 내 몸을 맞대고 살아보리라. 정직한 땀과 노동의 고귀한 힘으로 온갖 것을 힘차게 키워 사랑하는 이들과 다정하게 나눠 먹으리라.

세상이 규정해 놓은 삶의 방식을 바꾸는 건 누구에게도 쉽지 않다. 희생이 필요하고, 현실적 문제를 넘어서야 하기 때문이다. 그럼에도 농부처럼 땅과 가까이 살고 싶다. 땅이 내 몸과 어떤 방법으로 정직하게 관계를 맺는지 배워볼 것이다.
수수한 삶의 방식을 통해 땅이 정직한 것이 아니라, 땀이 곧 정직이라는 것을 확인하고 싶다.

땅과 함께 살고 싶다는 욕망이 파처럼 고개를 쳐든다.
뾰족하게.

3

불온하여 불안하고,
불안하여 기웃하는 것들

상처를 이겨내면 시선이 더 단단해져서 삶의 안쪽까지 꿰뚫어 볼 수 있을까? 상처가 없는 사람은 유리와 같다. 사소한 충격에도 여지없이 무너지고 깨어질 수 있으니.

몇 년 전, 친구의 사무실에서 우연히 만나 벗이 된 여인이 있다. 그녀의 이름은 사라. 그녀와의 첫 만남은 아직도 사진처럼 선명하게 남아 있다. 타이완에서 온 그녀는 레즈비언이었다. 그녀는 타국의 낯선 사내인 내게 자신의 치부일지도 모를 진실을 스스럼없이 드러낼 정도로 당당했으며, 단 한 번도 얼굴에서 밝은 웃음을 잃지 않았다.
그녀는 보편적이지 않은 사랑으로 받은 상처에도 불구하고 더 큰 사랑의 빛을 상처 속에서 찾아내었다. 마치, 지극히 인간적인 상실을 통해 사랑의 본질이라도 깨달은 듯이. 그런 그녀가 며칠 뒤 그 빛을 품고 오직 봉사만을 위해 인도에 있는 '마더 테레사 하우스'로 떠났다. 나는 진실한 영혼을 지닌 그녀가 자신을 잘 지켜내리라 믿었다.

'울프의 법칙'이란 게 있다. 몇 세기 전, 정형외과 의사였던 울프 박사에 의해 발견된 이 법칙은 이렇다. 인간의 뼈에 지속적으로 충격을 가하면 뼛속 조직 사이에 미세한 파열이 생기고, 그 속에 조직이 채워지는 과정이 여러 번 반복되면서 뼈가 상상 이상으로 강해진다는 것이다. 무술을 수련하는 사람이 반복적으로 육체를 단련시키는 것도 이 법칙과 다를 바 없다. 상처, 고통, 슬픔, 두려움, 그 모든 것을 이겨낸 후에야 놀랍도록 단단해진 자신을 발견한다. 상처도, 아픔도 온전히 밟고 지나가야만 한다. 넘어지지 않고 자전거를 배울 수 없고, 아프지 않으려고 누군가를 멀리하거나 모르는 척 한다고

해서 운명처럼 오는 사랑을 피할 수 없다. 밀려오는 걸 견디는 일이 더 어려운 법이니.

얼마 전, 인도에 있는 그녀로부터 엽서 한 통이 배달되었다.
인도에 도착하자마자 갠지스 강으로 달려가 강물을 한 사발 마셨단다. 그리고 며칠 동안 앓고 났더니 거짓말처럼 멀쩡해졌다는 말과 함께 내게도 희망의 빛이 환하게 켜지길 기도한다고 했다. 찔끔, 눈물이 났다. 화장한 시신이 뿌려지고, 온갖 쓰레기와 배설물로 뒤범벅이 된 강물을 마신 것은 객기일지 모른다. 그럼에도 나는 그녀의 확신에 찬 신념이 마음에 들었다. 나같이 위약하기 그지없는 인간은 절대로 하지 못할 일이다. 그러니 그녀가 나보다 한 수 위인 건 틀림없다.

누구에게나 상처가 있다. 겉으로 드러난 것, 보이지 않지만 매만져지는 것, 치유되어 말끔해진 것, 여전히 불안을 떠안은 채 내면에 부유하는 것도 있다. 타인에게 받기도 하고 자신이 만들어내기도 한다. 이 모든 상처는 불안하다. 가만히 두면 자꾸만 위태로운 길로 나가려 하는 아이처럼. 마음에 품은 것이 또다시 마음을 위협하는 묘한 상황에 이른다.
상처의 불온함이 삶을 불안하게 하고, 그 불안이 다시 삶 주변을 기웃거린다.
내게도 질기게 기웃거리는 녀석이 있다. 가족과 연관된 상처다. 나는 몇 번이나 치유되지 않은 그것과 화해하여 지난 시간을 청산하고 싶었지만 매번 잘 되지 않았고, 그 상처가 나뿐만이 아니라 가족 모두와 긴밀하게 연결된 거대한 나무의 뿌리라는 걸 알게 되었다. 혼자서는 치유할 수 없다. 그럼에도 누군가는 나서서 치유를 도모해야 한다는 걸 나는 잘 안다. 단지 마음이 그 생각에 잘 따르지 않는다는 것이 문제다.

상처는 지극히 이중적이어서 삶을 지키려는 의지와 깨뜨리려는 절망이 포개져 있다. 누군가는 상처를 지닌 채 아파하며 살고, 어떤 이는 그것을 희망의 씨앗으로 바꾼다. 그러나 우리는 상처가 생길까, 또 아플까 봐 두려워한다. 아주 인간적인 두려움이다. 내게는 이런 사람이 지극히 인간적이어서 더 사랑스럽다. 두려워 벌벌 떠는 그를 저 벽으로 데려가 상처를 가만히 매만져보라고 하고 싶다.

큰 충격을 받았는지 벽에 큼지막한 상처가 있다. 벽의 은밀한 곳까지 훤히 드러났다. 이 틈은 머지않아 채워지거나 그대로 방치될 것이다. 채워지지 않아도 그리 나쁠 것 같지는 않다. 적어도 보는 이들에게 삶을 반추할 기회를 줄 테니 말이다. 균열과 상처는 더 강렬한 화합과 회복의 실마리다. 그러니 상처 그 이상의 경험이고 새로운 나로 진화하는 과정이라 믿어도 좋을 듯싶다.

두려움은 자신이 약하다는 인식이다. 그 인식은 자신을 단단하게 만드는 독한 자양분이다. 자각하지 않으면 삶에 변화가 올 리 없다. 깨어지는 그 순간부터 나는 달라진다. 변신하는 것이다. 혹독한 시절이 지나야 따뜻한 봄이 오듯 불온함과 불안함 위에 새것이 돋는다.

뜨거운 불과 차가운 물속을 드나들었던 칼과, 못이 단단한 것을 이기고 뚫는 것과 다르지 않다.

그럼에도 나는 여전히 아픈 것이 싫다. 끔찍이도 두렵다.

4

원하고 원하는 것이

많은 우린 어쩌지?

산을 오르다가 나무와 나무 사이에 해먹처럼 매달린 커다란 거미줄을 보았다. 관심의 대상도 아닌 거미줄로 시선이 쏠린 건 순전히 출렁이는 움직임 때문이었다. 거미줄에 걸린 벌레 한 마리가 벗어나려 몸을 비틀며 애를 썼지만 헤어 나오지 못하고 더욱 엉키기만 했다.
저 벌레처럼 거대한 욕망의 거미줄에 걸려 버둥거리다가 이도 저도 아닌 채로 죽는다면.

내 안의 숱한 '나'는 어쩌면 '욕망'의 다른 이름이 아닐까.

원하고 원치 않는 것들이 역류하여 나를 익사시킬 지경이다. 사소한 것부터 그렇지 않은 욕망들까지 저 마음대로 삶에 등장했다가 사라지고, 다시 나타나고는 했다. 때로는 그것들끼리 갈등하고 치열하게 싸웠다. 욕망도 서로를 시기했으며 강한 것이 약한 것을 짓밟았다. 이 정도로 끝이면 좋겠지만 불행히도 그렇지가 않다.
무엇을 향해 치닫는지 모른 채 우리는 욕망으로 뒤범벅인 세계에 자신을 몰아넣는다.
욕망은 어째서 일었다가 사그라지고 다시 일어서는 것이며, 제 자신에게 대체 무엇을 원하는 것이기에 그렇게 끊임없이 모습을 드러내는 것일까. 욕망의 직립과 소멸이 부질없고 쓸모없는 것이라 치부하기에 욕망이라는 전차가 삶에 가하는 충격은 너무나 세다.

그 거미줄 아래에 돌무더기가 있다. 최초의 누군가가 쌓은 몇 개의 돌이 그 시작이었을 것이다. 지나던 사람들이 그 위에 돌을 올린다. 또 다른 이가 와서 그 곁에 돌을 올린다. 누군가가 지나갈 때마다 계속해서 돌 위에 돌이 쌓여 기어이 무더기가 된다. 그 돌들은 소망과 욕망의 집합체이다. 욕망은 멈추지 않고 자꾸만 넓어지고 높아지며 몸집을 키운다. 저기 아슬아슬하게 쌓인 돌무더기처럼.
그것이 욕망이 사는 방식이다. 돌무더기를 이룬 무수한 욕망이 똑같은 것 하나 없는 수많은 나와 다를 바 없으니.

'내 속엔 내가 너무도 많아.'로 시작되는 노래를 들으며 '그래, 맞아!' 했던 적이 있다. 절집 안팎으로 쌓여 있는 돌무더기를 볼 때마다 플레이 버튼을 누른 듯이 입안에 이 노래가 빙글빙글 돌았다. 지독한 공감이 머릿속을 휘저었다.

노랫말처럼 같을 수 없는 무수한 내가 내 속에서 살고 있다.
득시글거린다. 당신도 예외가 아니다.

당신이 나와 함께 살게 된다면 연애할 때는 한 번도 본 적이 없는 내 모습에 좌절하고 아파할지 모른다. 누군가가 내게 '너는 누구냐?' 하고 물어온대도 그 질문에 선뜻 답하기 어렵다. 내가 알고 있는 나와 당신이 알고 있는 나 사이에는 섣불리 예측할 수 없는 수천의 내가 대기 중이고, 그중에 몇몇은 타인을 아프게 하거나 슬프게 할지 모른다. 뜻하지 않은 몸짓으로 당신에게 상처를 안겼던 것처럼.

인정하기 싫지만, 낯선 자신과 마주쳐서 소스라치게 놀라던 때도 종종 있었다. 뜻밖의 얼굴을 한 자신을 목격하는 일은 처참하다. 그럼에도 나는 그 얼굴이 가짜인 내가 아니라 숱한 나의 모습 중 하나라는 사실을 인정한다. 그토록 많은 나에게 치이고 짓밟히고 배신당하며 살아왔으면서도 여전히 그렇게 살아갈 것이니.

산사나 마을 어귀의 서낭나무나 서낭당, 장승 아래에는 어김없이 돌무더기가 쌓여 있다. 때때로 등반 중이던 산자락에서 마주치기도 한다. 돌탑은 수많은 이들의 바람이 하나둘 모이고 쌓여야지만 태어나는 존재다.
어째서 우리는 돌을 집어 돌무더기에 올리는 걸까? 길을 걷다가 그것을 보는 순간, 우리는 습관이 시키는 대로 주변에 흩어져 있는 돌을 찾아 쌓는다. 그러고는 돌 하나에 소망을 실으려는 욕망에 사로잡힌다. 욕망의 무의식적 발현일 것이다. 돌을 쌓는 몸짓은 기대하는 마음과 그것이 실현되기를 갈망하는 욕망이 자연스럽게 맞닿은 결과물이다. 그런데 문득, 인간적인 생각이 튀쳐나온다. 나나 당신이나 한없이 위태로운 사람이니까 소소한 소망 하나쯤 슬쩍 빌어봄 직하다고.

나도 돌무더기에 소망 하나를 얹어놓을 요량으로 조약돌 하나를 집어 올린다. 어떤 소망을 그 안에 품을지 손바닥 위에 살며시 올려놓으니 작은 덩치와는 다르게 꽤 무게가 나간다. 지나가는 바람 한 점도 손바닥 위에 있는 그를 움직일 수 없을 것 같은 그런 무게이다. 이것이 나의 욕망의 무게일까. 한없이 가벼운 이 무게에 우리는 왜 지배되는 걸까. 어쩔 수 없다. 난 그것을 이길 수 없다. 내가 품은 욕망 또한 나이기 때문이다. 그렇기에 헛된 것이 아닌, 가치 있는 것이기를 기대한다. 이마저도 욕심일 수도 있지만, 욕망도 욕망답다면 기꺼이 따라도 괜찮지 않을까. 진정성이 담긴 욕망이라면 마음껏 탐내도 되지 않을까?

내 안에 진정한 내가 있는 걸까, 있다면 어떻게 그렇지 않은 것들 속에서 분별할 수 있을까? 숱한 나 가운데서 진실한 나를 찾아 떠나볼 일이다. 무수한 욕망 가운데서도 가장 나다운 것을 찾아서.

여행은, 욕망덩어리인 나를 길에 세우는 일이고, 쓸모없는 것들을 햇살에 증발시켜 순수한 자신의 결정체를 발견하는 기회다.
짐을 싸라,
떠나라,
가장 당신다운 욕망에 이끌려라.

5

당신은 아직 청춘?

막 시작된 사랑 앞에 선 듯, 이 마을에서 나는 조심스러웠다. 낙안읍성이라 불리는 이 민속 마을이 사람 사는 곳임을 발을 들여놓고서야 알게 되었다. 소란스럽지 않은 걸음으로 걷는다. 시끌벅적 찾아온 외지인들에게 삶의 속살을 고스란히 내보여주는 것이 꽤 불편하겠다 싶어서. 누구라도 침해받지 않고 제 방식으로 살아갈 권리가 있다. 그럼에도 의도치 않게 나는 여전히 훼방꾼일 수밖에 없다.

거대하지만 단순한 몸짓으로 도는 물레방아를 만났다.
어린 시절, 곡식을 찧거나 빻기 위해 마을에서 공동으로 만들어놓은 방앗간에서 그를 본 적이 있다. 그곳에는 물로 돌리는 물레방아도 있었고, 사람이 직접 밟아야 하는 디딜방아도 있었다. 계속 돌아가는 물레방아를 멈추기 위해서는 물길을 다른 곳으로 돌려야만 했다. 가뭄으로 인해 멈춰선 물레방아는 애처로워 보였다. 사랑하다가, 그 사랑을 잃어버린 듯 가슴 끝이 뜨끔뜨끔 아팠다.
불현듯 내 삶이 저렇지 싶었고, 몹시 겁이 났다. 제 힘으로는 어떤 식으로든 회전하지 못하는 운명. 물이 없고 중심축이 없으면 그대로 멈추는 불완전한 존재. 나는 중심을 지니고 있는가 하는 물음을 내 안에 투척했다. 대답은 수취인 불명의 편지 같다.

내 의지대로 살아가고 있는가, 아니면 다른 힘에 이끌려 삶을 사는가? '나'는 존재의 주인이자, 전부이며 본질이다. 그런 내가 타인이나 다른 힘에 좌지우지된다면 '나'는 실존하는 존재이면서도 정신으로서의 '나'를 잃어버린 것이다. 육체는 온전히 내 것인데, 그 육체의 뼈대인 정신을 남에게 내어준

꼴이지 않은가. 중심축이 없어 제 힘으로는 돌지 못하는 물레방아와 다를 바가 없다.

주체로서 자신의 의지와 힘으로 살아가는 일은 결코 쉽지 않다. 우리는 태양과 같은 항성이 아니라 끊임없이 무엇인가로부터 영향을 받는 행성으로서 살아간다. 지상에 발 딛고 제 힘으로 서고자 하지만 존재를 둘러싼 숱한 힘의 영향으로부터 자유롭지 못하다. 그럼에도 우리는 이끌리기보다는 이끄는 삶을 위해서, 제 힘으로 서기 위해서 부단히 몸부림치는 것이다.

해가 서쪽으로 빠르게 기울고 있다. 낙안읍성은 풍성한 색채로 가득한 팔레트 같다. 한 사내와 마주친 건 느릿느릿 마을을 거의 돌았을 때였다. 그는 어둑한 공방에서 작고 약한 등 하나에 의지해 일하고 있었다. 고지도를 복원하는 일이 그의 본업이지만 밥벌이를 위해 시간이 날 때마다 부채에 그림을 그리거나 글을 쓴다고 했다. 봄바람이 그의 붓끝에 가닿았는지 쓱쓱 싹싹 가벼운 동작으로 한지에 그림을 그리면서, 몸이 더 무거워지기 전에 히말라야에 오르고 싶다고 말했다. 순간, 뜨거운 그의 말이 내 몸을 화끈 달궜다.

쉰을 넘긴 그는 내게 '청춘'의 얼굴로 보였다. 그는 열정으로 가득하며 세상에 얽매이지 않는 자유로움으로 삶을 이끌고자 했다. 돈을 좇기보다는 행복에 가치를 둔 느긋하고 소소한 삶의 방식을 중히 여겼다. 그의 간식이 소박한 삶을 그대로 증명했다. 하루 한 병의 막걸리. 그것이면 하루가 행복하다며 희끗희끗한 수염 뒤로 환한 미소를 지었다. 그의 여유로운 삶과 소박한 생각 앞에서 순간 내 삶이 과잉 소비처럼 느껴졌다.

나는 막걸리 두 잔을 얻어 마셨다. 그가 일용할 양식의 절반을 축내고 만 것이다. 한사코 권하는 술잔을 뿌리치지 못했고 안주로 나온 새우 과자까지 배 속에 챙겼다. 그가 고흥반도 끝자락 바닷가에 있는 자신의 작업실로 가자고 제안했지만 나는 그의 간절한 눈빛과 요청을 뿌리칠 수밖에 없었다. 나이가 들었지만 청춘인 그에 비해 나는 껍데기만 청년이었고 마음은 초라한 늙은이와 다름없었다. 그런 나를 들키고 싶지 않았다. 약다질 대로 약아지고 약해질 대로 허약해진 내가 부끄러워서 자리를 박차고 일어나 도망치듯 마을을 떠났다.

한참 동안 머릿속은 혼돈인 상태였다. 부끄러움과 내 청춘의 상실에 대한 확인이었기에.

언젠가 그의 작업실로 달려가 황소같이 후끈한 호흡 소리를 다시 들어야겠다고 다짐했으나 여행에서 돌아온 얼마 후, 그가 세상을 등졌다는 소식을 전해 들었다. 마음이 시렸다. 나는 그로부터 진정한 청춘의 실체를 확인했다. 열정의 불꽃을 꺼뜨리지 않는 한 누구나 청춘이며, 꽝꽝 얼어붙는 겨울이어도 언제나 봄의 한복판에 서 있는 거라고.

지금쯤 그는 히말라야 어느 봉우리를 서성이고 있을까?

6

노동이 삶이다

순간, 멀리 숲 사이 비탈에서 움직임이 있다. 뭘까, 뭐지?

다람쥐, 고라니, 멧돼지, 아니면 사람? 부동의 세계에서 움직임은 이렇듯 강력하게 주변을 진동시켜 시선을 잡아당긴다. 비탈 가까이로 다가가니 크고 빽빽한 숲에 가려졌던 밭이 모습을 드러낸다. 인가도 없는 이런 곳에 밭이 있고, 삶이 있다.

노부부와 멍에를 짊어 맨 소가 밭을 갈아엎고 있다. 산비탈에 있는 밭치고는 제법 넓다. 셋이 이쪽에서 저쪽으로, 저쪽에서 이쪽으로 오고 갈 때마다 붉고 부드러운 흙의 맨살이 드러난다. 갓 살에서 튀어나온 피같이 검붉고 생생한 흙이다. 뭐든 심으면 쑥쑥 생명을 밀쳐 올릴 것 같은 빛깔. 나도 저런 땅이고 싶고, 그런 땅에서 살고 싶다. 콘크리트와 아스팔트로 뒤덮인 도시가 아니라 보드라운 흙이 지천인 곳에서.

농사 채비로 바쁜 그들이 무방비로 게으른 내게 일격을 가한다. 뜨끔했다가 이내 괜찮아진다. 나는 나답게, 그들은 그들답게 살아가면 된다. 지난 겨우내 그들도 게으른 시간을 보냈을 테니 미안해할 까닭은 없다.

그들은 고랑 반대편에서 내가 쪼그려 앉은 곳으로 왔다가 몸을 돌려 되돌아갔다. 왔다가 갈 때마다 고랑이 생겼다. 셋은 완벽하게 호흡을 맞추며 움직였다. 여인은 소를 잡아 길을 이끌고, 소는 그녀가 이끄는 방향으로 힘을 썼다. 사내는 소가 끄는 쟁기를 땅에서 들뜨지 않게 박아 누르며 흙을 갈아엎었다. 저 너른 밭을 다 갈아엎으려면 오늘 하루로는 턱없이 부족할 듯싶다.

오전이지만 햇살의 기세가 대단하다. 바람도 없다. 무엇이 저들의 삶을 위로해줄지 궁금해졌다. 그들에게 인사를 하고 그곳을 떠났다. 차창 밖으로 자꾸 그들의 얼굴이 떠올랐다. 노동이 삶에의 희망이라지만 늙은 부부의 주름진 얼굴과 살 빠진 소의 힘겨움은 어찌하면 좋을까.

그럼에도 내 눈에는 셋의 몸짓이 어찌나 아름답던지. 온종일 벌어질 저들의 노동을 지켜보고만 있어도 행복할 것 같은 마음이 들었다가 이내 사라졌다. 노동 없는 삶의 시시함과 지루함에 대해서는 차마 한마디도 꺼내지 못할 것 같으니.

산 중턱을 몇 구비 돌자 배 한 척이 지척인 바다 위를 배회하고 있다. 어부가 그물질하고 있다. 전망 좋은 자리에 차를 세우고 그의 노동을 지켜본다.

옛 시절의 봄 바다는 물고기로 그득했으리라. 그때나 지금이나 변치 않은 것이 있다면 그물질하는 어부의 손길뿐이리라. 봄이라 하나 여전히 송곳처럼 날카로운 바닷물이 어부의 손을 찔러온다. 그럼에도 그물을 당겨 올리는 어부의 마음은 들뜬다. 그물 안에 희망이, 기대가 묵직하게 실려 있으니.

지친 몸과 졸린 눈을 다그쳐 사위가 안개와 어둠으로 휩싸인 새벽 바다로 나온 어부. 그의 작업은 정오가 다 지나도록 끝나지 않았다. 저 노동은 언제쯤 끝이 날까. 그에게는 노동이 삶에의 고역이거나 무덤덤해진 일상일 수도 있으리라.

요즘은 펄떡거리는 물고기의 숨결이 드물고 약해졌다. 귀해졌다. 노동의 대가치고는 삶의 행색은 점점 더 남루해진다. 고즈넉한 어촌의 봄 풍경은 이미 기억 밑바닥으로 침잠한 지 오래다. 한 가닥 따스한 옛 추억이 되어 버렸으니 늙은 어부들의 한담 속에서나 만선의 붉은 표식이 세워지고 펄럭거릴 뿐이다. 뉴스에 등장하는 어부들은 한결같이 기름 값도 나오지 않는다는 푸념을 뱉는다. 그런 그들이 마지막 숨 같은 시동을 걸고 다시 바다로, 노동의 현장으로 나간다. 비록 건질 물고기는 행적이 묘연해도 건져내리라는 만선의 희망을 한 번도 접지 않은 까닭이다.

삶이 저토록 아름답다. 아니, 노동이 그러하다.

풍경으로써 어부의 그물질은 멋진 춤사위다. 바다란 무대에서 벌어지는 춤판. 펄떡거리는 근육의 춤판이 파랑 위에 일렁인다. 생의 찬연함은 풍요 안에만 있지 않다. 지치고 힘든 일상의 끈을 끊어내지 못하는 것은 생을 향한 뜨거운 연민과 기대가 있기 때문이다.

한참을 바라보고 있어도 질리지 않는 아름다운 노동의 풍경 앞에서 연약하고 부실한 내 근육과 정신을 확인하고 만다. 풍경으로만 동경할 뿐 내 몸으로는 감당할 수 없는 노동이다. 허나, 내 삶에서만큼은 비록 못난 춤사위라 할지라도 기꺼이 어깨를 들썩이며 신명 나게 한판 춤을 추겠다. 얼쑤!

7

세상의 속도 밖으로
한 걸음 물러서서

바다를 논으로 옮긴 듯 푸르다. 바람이 불자 풀들이 한쪽으로 몰려가는 춤을 춘다. 당신의 찬란한 고백이 거짓말 같아 어안이 벙벙하던 그 순간에도 내 안에 저렇게 파도쳤을까? 당신이 내 마음으로 들어와 사랑의 방식과 태도를 송두리째 바꿔놓았던 것처럼 봄빛도 기어이 나를 물들이려 한다.

지금, 나는 행복한 침입을 받고 있다.

죽음의 흔적이 채 지워지기도 전에 곳곳은 푸른 생명의 몸짓으로 분주하다. 생은 무성하고 무모하게 돋고 뻗친다. 머지않아 갈아엎어져 죽을 것인데도 두려움 따위는 안중에도 없다.
한자리에 모든 것이 머물고, 끊임없이 배반하고 전복하며 일어섰다가 쓰러진다. 너 나 할 것 없이 그런 세상에서 살아가고 있다. 예외가 없다. 저 땅에 시작과 끝, 새것과 옛것이 서로 잇대며 나아가듯이. 삶의 자리에 죽음이 서성이고, 죽음의 몸에 삶이 잉태된다. 끝은 환기된 시작이고, 생성은 내재된 소멸이다. 자발적 의지든 살기 위한 억지든 대립항을 통해 제 존재를 성립시키고 증명한다.
어느 하나가 없어지는 순간, 맞선 것도 가뭇없이 사라진다. 신기한 삶의 방정식이다.
삶에는 좋거나 나쁜, 고통스럽거나 달콤한 것이 뒤섞여 있기에 아찔하지만 살 만하다. 그럼에도 견디지 못하고 주저앉을 수도 있다. 분명한 건, 그 불편한 진실이 번복될 수 없는 생이라는 점이다.

지독히 운이 없어서 불편하고 괴로운 것이 당신과 나를 찾아온 것일까.

삶에 희망 따위는 품지 않는 것이 옳은 일일까?

새파랗게 젊은 날에는 생이 미덥지 못했다. 그 시절을 지나온 뒤에는 미더워졌을까. 글쎄 그 점에 대해서 긍정하기에는 여전히 미덥지가 않다. 어쨌거나 젊은 날에는 앞뒤 잴 것 없이 마구잡이로 살았다. 뭔가에 미쳤고, 뜨겁게 살았다. 잔뜩 금이 간 유리잔 같아서 때로는 깨어질까 두렵기도 했다. 허나, 그런 일은 일어나지 않았다. 서둘러 느껴버린 두려움이랄까. 아직도 나는 혼란스럽다. 깨어지는 삶이 좋은 것인지, 아닌지에 대해 확실치 않기에.

들판을 벗어나 바다로 향했다. 진짜 바다를 볼 차례다. 나를 반겨야 할 바다는 먼 대양으로 몸을 빼고 있었다. 아쉽게도 물때가 맞지 않은 것이다. 나는 속절없이 바다의 벗은 몸을 보아야만 했다. 내 속을 아는지 모르는지 한낮의 열기로 후끈 달아오른 갯벌만이 생명의 움직임으로 부산했다.
온갖 바다 것들의 목숨 줄이 되어주는 갯벌은 봄 햇살을 야물게 빨아들여 제 몸을 말랑말랑하게 만들고 있었다. 부드러움을 상실한 갯벌은 생명이 떠나버린 주검의 공간일 뿐이다. 굳어버린 몸은 더는 산 자의 것이라 할 수 없다. 팔딱거리는 온갖 생명을 끌어안는 펄이야말로 어머니의 품처럼 따스하고 부드럽다.
어쩌면 산다는 건 부드러움을 잃지 않는 일이다.

부산하게 움직이는 것들이 궁금하여 몇 걸음 가까이로 다가간다. 낯선 움직임을 눈치챈 게들과 이름 모를 존재들이 깊고 음침한 구멍으로 날래게 도주한다. 블랙홀로 빨려 들어가듯 한순간에 사라지는 그 모습 속에서 내 삶의 속도가 드러난다. 나도 때로는 저렇듯 빠르게 살았다. 안달하고 동동걸음 치지 않으면 내일이 오지 않을 것처럼 하루하루를 보냈다. 내 의지와 상관없이 이끌리고 떠밀려서 뜻하지 않게 나를 상실했다.

지나간 봄이, 허망하게 보내버린 삶이 궁금해질 때서야 아름다웠어야 할 시절을 내가 얼마나 맹목적으로 지나쳤는지, 잃어버렸는지 따갑게 인식하게 되었다.

멀거니 생각에 잠겨 있자니 블랙홀로 빨려 들어갔던 게들이 용케도 빠져나와 양 집게발로 사정없이 봄을 베어 문다. 제 삶의 터전인 갯벌에서 존재의 실마리를 더듬고 있다. 나도 저렇게 다부지게 생을 베어 물고 싶다.

8

억척스러운, 악착같은

당신이 싫어

약아빠진 시선은 재빠르게 마음이 기우는 쪽으로 향했다. 누구라도 그럴 것이다. 요상하고 제멋대로인 마음은 언제나 제가 이끌린 방향으로 삶의 각도를 조용히 틀어왔다. 예를 들면,

예쁜 것,

밝은 것,

튼튼한 것,

즐거운 것,

따뜻한 것,

강한 것,

깨끗한 것,

사랑스러운 것,

편한 것,

빠른 것,

거대한 것,

많은 것,

…….

욕망하지 않는 사람이 있을까? 그런 이가 있다면 호흡기에 의존한 의식불명의 환자와 다를 바 없다. 숨만 붙어 있을 뿐 살아 있다고도, 아니라고도 할 수 없는 불완전한 존재일 것이다. 나는 욕망에 대해 탓할 생각이 눈곱만치도 없다. 과잉된 욕망과 우리 안에 남아도는 잉여의 욕망이 싫을 뿐이다. 없어도 되는 것을 굳이 더 가지고 있어봐야 짐밖에 더 되겠는가. 그럼에도 소유의 목록에 끊임없이 덕지덕지 구겨 넣는다.

어느덧 내 눈은 화사하게 피어 있는 산수유 꽃을 보고 있다. 꽃 뒤로 어두운 바위가 받치고 섰으니 노란 빛깔은 강렬하게 대비된다. 제 몸을 뽐낼 곳을 찾았다는 듯이 익살스러운 표정으로 생생하게 피어 있는 꽃. 올망졸망한 꽃들의 소풍이 부러워 사진을 찍으려고 카메라를 들어 올린다. 뷰파인더에 눈을 가져다 대고 이리저리 구도를 잡다가 그제야 너를 발견한다.

거친 바위에 달라붙어 있는 너.
억척스럽고 악착같은 몸짓. 너의 그 모습을 지켜보며, 삶의 모든 것은 제 손으로는 섣불리 놓을 수 없는 본능이거나 본연의 태도임을 직감한다. 생의 지독한 열망을 포기한다는 건 식물인간으로 살겠다는 자발적 죽음의 선고와 다르지 않다.

한때 나는 억척스럽거나 악착같은 태도로 사는 이들을 싫어했다. 참고 견디기 힘든 일을 배겨내는 그 매서움과 독함, 사나움이 불편했다. 삶뿐이 아니다. 사랑도 마찬가지다. 뭐가 그리 대단하기에 손가락 마디마디 관절 병이 생기도록 붙잡고 살아야 하느냐며 툴툴거렸다. 때로는, 고통에 빠져 있던 이에게 대책도 없이 '그까짓 사랑이, 삶이 뭐라고 그냥 놓아버려라.' 하고 말하곤 했다. 정작 그렇게 폄하했던 사랑에 나의 숱한 날들이 흔들리고 휩쓸려 사라졌던 걸 떠올리면 낯부끄럽기 그지없다. 타인에게 벌어지고 있는 일이 자신에게도 벌어질 줄 알면서도 나는 모른 척했다. 그런 적 없다는 듯 딴전을 부렸다.

손을 뻗어 줄기를 만진다. 거칠지만 단단하다. 잡아 흔들어 보지만 꿈쩍도 않는다. 너는 단단하게 삶의 터전을 움켜잡고 있구나. 지나는 바람은 기껏해야 너의 잎을 잔잔히 흔들 뿐이고, 너는 태연하다.
바위를 감싼 채 살아가는 네게서 삶에의 의지에 대해 어렴풋이 가늠해 본다. 곁에서 꼿꼿하게 허리를 세운 나무는 꽃을 내보이며 "나 살아 있어." 말하지만, 너는 벌거숭이인 채로 아무런 속내도 내비치지 않고 있다. 겉으로는 무심한 척 덤덤한 얼굴로 세상을 보고 있지만 속으로는 분주히 우듬지로, 생의 촉수 끝으로 에너지를 보내고 있으리라. 큰 바위 전체를 뒤덮은 줄기마다 강렬한 삶의 의지를 전파하고 새김질하면서. 잎이 돋는 이 봄이 지나면 너는 그 어떤 식물보다도 맹렬하게 자라서 거대한 바위를 제 터전으로 만들겠지.

단순하고도 맹목적인 삶에 대해 바위에게 조곤조곤 들려주겠지. 아직도 못다한 삶의 이야기가 우리 안에 가득한 것에 대해, 치열함 속에 우리의 내일이 있는 것에 대해.

오늘 치열하지 않고서 괜찮은 내일이 올 리 없다며.

9

돌던 팽이가 쓰러졌다

어쩌지?

가끔 '팽이'가 되었다.

뱅그르르 돌다가 힘이 빠지면 휘청거리다가 쓰러져 꼼짝달싹 못하는 팽이.

바지런히 싸돌아다니다가도 어느 순간 걸음이 처졌다. 다 늘어진 카세트테이프를 재생하는 것처럼. 발걸음을 옮기고 있지만 제자리를 걷는 기분이 들었다. 한 걸음도 나아갈 힘이 없으면 나무 밑이나 바위 위, 강가나 길바닥에 푹 주저앉았다. 마치 기력을 다하고 나서 푹, 꼬꾸라지는 팽이처럼.

그런 날이면 나는 앉은 채로 나무, 바위, 강, 길이 되었다. 즐거운 대상이었던 낯선 풍경과 삶과 사람이 내가 밟고 온 시간과 다르지 않음을 깨달을 때 아주 조금씩 나 자신이 소멸하는 느낌이었다. 쑥 꺼지듯 가다듬히 멀어지는 나, 그런 나를 잡을 수조차 없어 몸은 무기력으로 곤드박질친다.

누군가가 버리고 간 껍질처럼 존재의 흔적은 있으나 몸과 정신은 어디론가 떠나버린 텅 빔. 그 빈 사이가 몹시 좋았다. 몹쓸 이성에 지배당하지 않고 잠시라도 벗어날 수 있다는 가능성을 감지했다고나 할까. 길에서 나를 놓는 것, 뻔한 정신을 놓고 새로운 정신을 집어 드는 일, 그것이 홀로 여행하며 다다를 수 있는 궁극의 지점이기도 했다.

퍼뜩, 정신을 차리면 어둠은 지붕 아래까지 내려와 있고, 소란을 떨던 사람들 발소리는 종적이 묘연하다. 다 떠나버린 어둠 속에 홀로 남겨진다는 것이 얼마나 쓸쓸한 일인지 당신은 알까? 그 빈 세계를 가만히 떠받치는 일은 벅차다. 이유도 듣지 못하고 내팽개쳐진 모멸과 배반으로 치를 떠는 지경이 된다. 그러나 누굴 탓하리. 내 몫이고 내 탓이다.

뉘엿뉘엿 저물어가는 시간의 흐름을 좇다 보면 그 어둠마저 눈에 익숙해진다. 배가 고파서야 시간이 한참 흘렀다는 걸 깨닫는다. 익숙해져버린 어둠도 급작스럽게 가장 짙은 블랙으로 농도를 높인다. 어느새 어둠이 내게 떠나라고 검은 등을 떠민다. 빛을 찾아가라고. 어서 그곳에서 쉬라고.
나는 왜 떠나는 걸까? 나에게 떠남이란 익숙한 삶으로부터 도주하는 일, 잊고 있던 자신의 낯선 것들을 꺼내는 일이자 익숙한 자신의 실제와 대면하는 일이다. 한동안은 여행하며 마주치는 낯선 풍경이 좋았다. 낯선 무엇이 여행자의 눈과 발을 잡아챘다. 누군가를 사랑하게 되는 떨림과 흥겨움을 느끼도록 하면서. 내가 이토록 적응력이 뛰어났던가? 새삼스러워하며 정신없이 헤매다가 절정의 순간에 다다른다.

그건 바로, '고독'이다. 여행이 주는 가장 값진 선물.
낯선 곳에서 저녁을 맞는 여행자는 쓸쓸하고 적막하다. 시간도 쓸쓸하고 더디게 흐른다. 텔레비전에서 흘러나오는 뉴스도 낯선 나라의 소식처럼 시큰둥하다. 까만 밤이 산의 그림자를 밀고서 온다. 깜박깜박 불 켜지는 집들의 밥 짓는 냄새가 떠나온 자를 쓸쓸하게 만든다. 집은 떠나온 자가 돌아갈 마지막 품. 길을 나서면 언제나 마음 한 가닥은 집으로 방향을 튼다. 이리저리 부는 생각, 삐걱거리는 침대에서 뒤척이는 몸. 그렇게 낯선 곳에서의 밤은 언제나 넓디넓은 생각의 강을 허우적거리며 건넌다.
이것은 단순히 외로움이거나 혼자라는 인식만이 아니다. 인생에 대한 원초적인 '절대 고독'을 대면하는 순간, 자신의 내면이 어렴풋하지만 투명하게 드러난다. 고독은 피해야 할 대상이 아니다. 낯선 세계가 이윽고 내게 내미는 자각의 순간이다. 그는 본래의 나를 발견하고 생활 속 원래 자리로 돌아가서 다시 시작해보라고 마음을 독촉한다. 그렇기에 당신과 나는 여행지에서 돌아와 단조로운 삶, 익숙한 공간을 반기며 안도하는 것이다. 긴장은 사라지고 편안함이 자리 잡는다. 편안함은 익숙함에 대한 안도이다. 그러니 여행은 낯선 시간과 거리 속에서 익숙함을 찾는 일일지도 모른다.

누군가 말한다. "돌아오려고 떠난다." 그렇다. 돌아오지 않는 건 '여행'이 아니라 '이주'다. 이주는 완전히 떠나는 일이다. 뿌리째 뽑아서 새로운 터에 다시 심는 거다. 여행은 선순환의 구조를 품은 거대한 삶의 원형이다. 삶을 순환시켜 스스로를 치유하고 회복시키는 몸짓이다.

일상에 기반을 두지 않은 여행은 없다. 여행은 삶 밖의 일이 아니다. 삶 그 자체다. 여행은 떠나는 것이고, 잊는 것이다. 돌아보는 짓이며, 익숙한 자신을 낯설게 들여다보는 여정이다. 그러면서 낯선 자로 사는 일이다.

공항 밖을 빠져나오는 순간, 플랫폼 위에 발을 내딛는 찰나, 버스 승차장에 내려서는 그때, 낯선 내가 편안해진다. 맥박은 느긋해지고 가슴은 훈훈해진다. 집으로 돌아가는 길이 이리도 행복하고 즐거울 수가 없다. 다시금 가족의 얼굴이 떠오르고, 삐걱거리던 침대, 늘 듣고 읽던 음악과 책이 눈앞에 펼쳐진다. 여행지에서의 샤워는 왜 집에서만큼 즐겁지도 편하지도 않을까? 그럼에도 우리는 떠나게 되고 불편함을 이길 힘을 끌어낸다. 도대체 그 힘은 어디서 나오는 걸까?

여행은 쓰러졌던 나를 다시 일으켜 곧추세운다.

팽이를 다시 쌩쌩 돌게 만드는 채찍질처럼.

10

깨달음은 찰나의 투신처럼 온다

길이 북새통이다. 먹고 사는 문제가 삶의 공간을 번잡하고 복작거리게 만든다. 순천도 예외가 아니다. 그 한가롭던 곳이 어찌 이렇듯 붐비게 되었을까?

일상이 된 여행은 평일과 휴일을 구분하는 것조차 잊게 만들었다. 문득, 떠나오지 않았다면 변함없이 반복되는 삶을 살고 있었을 거라는 생각이 떠올랐다. 그만두고 싶다고 하소연하다가도 잠들기 전에 알람 시계를 맞추고 아침이면 그 소리에 기계처럼 몸을 일으켰다. 비몽사몽간에 씻고, 옷을 입고, 비좁은 버스와 지하철을 타고 일터로 향했다. 온종일 일에 찌들었다가 지친 몸을 이끌고 퇴근하면서 제 삶을 부정한 것이 어디 한두 번이던가.
나는 어째서 이토록 멀리 떠나와서도 삶을 잊지 못하는 걸까? 여행이든 삶이든 예기치 않은 세계로 흐르고 나아간다. 결코 내가 원하는 대로만 이끌리지 않는다. 여행자인 내가 소도시의 러시아워에 갇혀 옴짝달싹 못하고 있는 것도 그렇다. 애매한 시간이 아닌 조금 일찍 혹은 느지막이 나섰으면 벌어지지 않을 문제였다. 그러나 예상치 못하게 닥친 이 상황이 그리 나쁘지만은 않다. 여전히 익숙한 일상의 습성과 기억이 내 몸에서 충분히 멀어지지 않은 까닭이다.

어쩌면 먼 곳에 있으면서도 익숙한 일상의 공간으로 돌아가고 싶은 것일지도 모른다.
익숙한 사람을 오랜 시간 잊지 못하듯이.

오늘의 목적지는 선암사다. 그 이름은 도시 곳곳에서 발견되었다. 이정표에 새겨진 선암사라는 세 글자는 나의 여정과 절대로 이별하지 않겠다고 다짐

하듯 희고 명료하게 박혀 있다.
나는 사랑이 뭔지 설명하지도 못하면서 사랑한다고 믿었고, 부둥켜안고 있으면서도 외롭다고 느꼈다. 가끔은 어느 쪽에도 속하지 못한 채 어정쩡하게 서 있는 것처럼 느껴졌다. 무엇인가에 제대로 빠져들지도, 자신을 온전히 투척하지도 못하는 모호한 사람이었다. 늘 반쪽인 채로 살아온 것이다. 불완전하고 불온해서 희미하게만 보이는 삶에 의탁한 채 하루하루를 버텨내었다.

언제쯤 이렇듯 두리번거리는 삶에서 벗어날 수 있을까?
어느덧 저만치에 선암사 입구라는 표지판이 나타났다. 저렇듯 선명하게 방향을 일러주는 삶과 앎은 진정 불가능한 것만은 아닐 텐데.

새들이 명랑하게 지저귄다. 그 소리 사이로 햇살이 소복소복 쌓인다. 쌓이면 쌓일수록 길은 포근해진다. 봄의 낮 시간은 이렇듯 포근하면서도 명징하다. 부처가 깨달음을 얻은 순간도 이런 즈음이 아닐까 싶다. 보드라운 햇살이 몸 안으로 파고들며 간지럽힌다. 곤히 잠든 채로 가슴팍을 파고들던 당신의 얼굴과 손 같다.
정신이 이 봄날 같다면 불완전하고 불온한 삶으로부터 벗어나지 싶다. 나는 대체로 혼란스럽고, 정신없고, 갈피를 잡을 수 없는 지경으로 살고 있다. 파국인지 해피엔드인지도 모르면서 어딘가로 너무나 빠르게, 정신 차릴 틈도 없이 치닫는다. 내 생과 대비되는 이렇듯 투명한 날이 어찌 질투 나지 않겠는가.
바람의 세기와 방향에 따라 빠르게 느리게, 이리로 저리로 몸을 뒤틀며 반짝거리는 잎들, 모든 불투명하고 불완전한 세계를 와해시키며 곧장 내리꽂히는 햇살, 명징한 빛과 그 빛의 온기를 흡수하고 있는 동백이 부처가 되어 앉아 있다. 마음이 소멸되어 고통이 사라진 것처럼.

나는 인간이다. 그러니 무심하게, 고요하게 살 수는 없다. 그저 틀에 갇힌 채 소심하게 세상이 규정해 놓은 가치를 조금씩 허물며 하루씩 살아갈 뿐이다. 서둘러 가고 있는 것은 아닌지, 물질주의에 길들여지지는 않았는지, 타인을 배려하고 사는지, 진정한 행복의 가치가 어디에 있는지, 억지스러운 삶이 아닌지 질문하고 살피면서. 삶이 명쾌하고 간순해지면 모든 것이 자연스럽게 흐르게 될지 자꾸만 자신에게 되묻는다. 햇살이 땅 위에 선 모든 존재의 머리 위로 쏟아지듯이. 마침 햇살의 무게를 견디지 못한 동백꽃이 붉은 입술 밖으로 노란 웃음을 보이며 땅에 몸을 눕힌다.

깨달음은 찰나의 투신처럼 단순하고 담백하게 온다.

비우고, 깨닫는 일이 생각처럼 어렵지만도 않다. 가끔은 가던 걸음을 멈춰볼 일이다. 여행이 좋은 건 뜻하지 않은 시간에 비워지고 깨닫게 되기 때문이다. 풍경에 사로잡히거나, 흐르는 땀을 식히기 위해 잠깐 멈추거나 앉아 있을 때 설명하기 어려운 뭔가가 다가와 슬며시 답 같은 것을 건넨다. 답이 아니라도 좋다. 복잡한 삶이 단순해지는 그때가 바로 깨달음의 시간이다.

깨달음은 찰나의 투신처럼 담백하게 온다.

11

이토록 고운 문살문은

어디로 갔는지

하얀 얼굴이 정교한 틀 뒤로 빠끔히 고개를 내밀고 있다. 찬란한 햇빛의 투혼을 조용히 머금고.
송광사 대웅보전의 문살문은 이토록 아름답다.
눈과 마음을 들뜨게 만드는 예술이다. 화려하지 않지만 은은한 멋이 풍기는 멋진 사람을 만난 듯 마음이 풍요롭다. 오래도록 대화를 나눠도 지루하지 않을 것이다.

아름답게 짜 맞춘 문살에 창호지를 바른다. 그 연약한 종이를 단단하게 만드는 건 문살이다. 그렇게 하나가 된 문살문은 안과 밖으로 통하는 통로면서 안을 가리고 지켜낸다. 제아무리 고운 얼굴이라 하더라도 제 역할을 못하면 허랑한 문일 뿐이다. 지금 와서 생각해보면 아버지가 매년 창호지를 갈았던 것은 고운 얼굴과 그것이 행하는 역할을 모두 고려했던 것이었다.

아버지 품에 안긴 채 등장하는 창호지만으로도 어머니와 나와 여동생은 긴장을 해야만 했다. 기어이, 창호지를 새로 발라야 하는 봄이 당도한 까닭이다. 늘 궁금했던 것은 아버지에게 안겨 들어오는 창호지 다발의 출처와 이유를 알 수 없는 아버지의 활기였다. 낡은 것을 새것으로 바꾼다는 흥겨움이었을까.
단 한 명의 열외자도 용납하지 않았기에 가족 모두가 이 일에 동참해야만 봄날을 지나칠 수 있었다. 여동생과 나는 일 년에 한 번씩 거행되는 행사로부터 어떻게든 빠져나가려 고군분투했으나 단 한 번도 성공하지 못했다. 어머니조차 견고한 아버지의 마음을 설득하기에는 역부족이었다.
유년 시절, 우리 가족의 봄은 그렇게 시작되었다.

그 당시 우리 집은 개량 한옥이라 방과 창문이 많았다. 새로 갈아야 할 창호지 숫자도 그만큼 많을 수밖에 없었다. 당일 아침, 식사를 마치고 어머니는 부엌에서 풀을 쑤었고, 아버지는 일 년 동안 풍파에 찌들고 헐은 문과 창을 틀에서 떼어 마당에 누였다. 나와 여동생은 누워 있는 문과 창에 물을 뿌려 목욕을 시킨 뒤 묵은 창호지를 떼어내었다. 바싹 마른 한지는 문살에 착 달라붙어 쉬이 떨어지지 않았고, 찬 물기에 젖은 손은 얼어붙듯 아렸다. 통증을 느낄 때마다 어째서 창호지는 손도 대지 않았는데 더러워지고 상처가 생기는지 모르겠다고 구시렁거렸다.

시간이, 세월이, 창호지뿐만이 아니라 나라는 사람마저 바꿔버린다는 걸 그 나이에는 알지 못했다. 아무리 조심해도 일 년쯤 지나면 누렇게 변했고 누군가의 실수로 구멍이 나고는 했다.

한 해를 버텨준 고마운 창호지를 꼼꼼히 떼지 않으면 새 창호지는 문살이나 창살에 잘 붙지 않았다. 억지로 붙인다고 해도 울퉁불퉁거려서 보기 흉했다. 주물럭거리며 대충 하다가는 아버지의 불호령이 떨어지는 데다가 작업 시간만 늘어난다는 걸 알게 된 후로는 수세미로 빡빡 문질러가며 착실히 임했다. 봄이라고는 하지만 그늘진 마당에 부는 바람은 시베리아 혹한이었다. 연신 손에 입김을 불어 넣으며 물에 불은 창호지를 떼고 하얗고 고운 새것을 바르던 추억. 그렇게 하기 싫어했던 일이 지금은 아련한 추억으로 남아 그 시절을 그립게 만들었다.
이제는 문살문을 만나기 어려운 시대가 되었다. 골동품 가게나 박물관, 고즈넉한 산사나 외지인의 발길이 닿지 않는 산촌에나 가야 만날 수 있다. 이토록 고운 문살을 품은 문이 소리 없이 우리에게서 멀어져가는 건, 삶의 획일성과 편리성에 젖어 번거롭고 귀찮아하는 마음에서 비롯되었을 것이다. 애틋한 사연과 추억이 포개져 있던 아름다운 것들이 사람들의 외면과 무관심에 의해 박재되어 박물관으로, 외진 곳으로 숨어들고 말았다. 문살문을 보고 있자니 지나가버린 시절이 다시 내게로 온다.

장인 못지않게 창호지를 바르던 아버지의 손길이 떠오르고, 그 곁에서 문살에 곱게 풀을 바르던 어머니의 눈빛이, 호들갑을 떨며 잘라놓은 창호지를 아버지에게 건네고 수세미로 해묵은 문풍지를 떼던 나와 여동생의 순박함이 떠오른다. 고된 노동이 끝난 뒤 어머니가 저민 갈비를 먹으며 하루의 노동에 대해 왁자지껄 소란을 피우던 우리 가족의 그 시절은, 그 아름답던 추억의 문살문들은 모두 어디로 갔을까?

많은 것이 이렇듯 돌아올 수 없는 시간의 강을 타고 멀리 흘러가버렸다.
황홀한 꿈 같은 아련한 열기만을 남겨놓고서.

이토록 고운 문살문은 어디로 갔을까.

12

빛깔은 시간의 빛과
뒤척이며 바래어간다

나는 종종 단청에 홀린다.

몸으로 시간을 채집하는 빛바랜 그것들이 얄궂게 좋다.

바랜다는 것. 그것은 자신의 오만함을 낮추는 마음, 본래의 자신을 찾아가는 느리고도 고요한 걸음, 세상에 제 몸을 부비는 생의 뒤척임이다. 사물처럼 사람도 바랜다. 부정하고 싶지만 이것이 존재 본래의 현상임을 수긍할 수밖에 없다. 바래지 않는다면, 잊히지 않는다면, 생생한 채로 살아야 한다면 깨어날 수 없는 악몽을 꾸듯 불편할 것이다.

생이 죽음을 향해 나아가듯 바래는 것은 자연스러운 상실이며, 상실하면서 얻는 삶의 아름다움이다. '바래다'는 본디의 빛깔이 옅어지거나 윤기의 상실을 뜻하는 것이다. 그러나 바래는 것은 우리의 잘못이 아니라 존재 본래의 기미다.

사물만 바래는 것이 아니다.

기억도 바랜다.

뜬금없이 떠올랐다가 홀연히 사라지고, 전멸하듯 잊히기도 한다. 처음 그대로인 듯한 기억도 다른 것과 포개지고 겹쳐져서 야금야금 변질되거나 망각된다. 현재라는 시간에 포획되어 잠식되는 것이다.

처음의 생생함이 옅어지고 불명확해지는 특성 때문에 좋은 걸 더 좋게, 나쁜 걸 더 나쁘게 둔갑시키기도 한다. 그 덕분에 나나 당신이 미치지 않고서 살아갈 수 있는 것이다. 바래서 옅어지고 지워지기에 아픔과 상처로부터 벗어나 자유로워진다. 그러니 바래는 건 삶에 특효인 진통제다.

바램은 진실을 드러내는 뒤척임의 시간이다.
사랑에 빠져 있으면 자신이 얼마나 깊은 곳으로 흘러들어 갔는지 알지 못한다. 사랑하는 사람에 대해 제대로 알지 못하고, 보고 싶은 것만 본다. 진실은 이별 후에 드러난다. 시간이 한참 흐르고, 감정이 고요해지고, 바랜 뒤에야 무엇이 잘못되었는지 수면 위로 떠오르고, 아무렇지도 않게 제 안에 웅크린 상처의 크기를 실감하게 된다. 그제야 전모가 밝혀지는 것이다.
저 대들보도 단청이 바래어야만 제 빛깔이 드러나고 투명해진다. 혼탁한 물도 시간을 껴안고 있어야지만 맑음을 되찾아오지 않던가. 일정한 시간과 과정을 필요로 한다. 바래는 중이거나 바랜 것을 보는 일은 그렇기에 슬프지 않다. 거짓 같은 생생함이 사라지고 진실이 드러날 때 예상치 못한 것과 조우하는 기쁨을 만끽할 수 있으니 말이다.

곱게 바래고 있는 단청은 언제부터 옅어지기 시작했을까, 당신의 마음은 언제부터 내가 아닌 다른 사람에게로 번져갔을까? 바래는 건 위선된 표정을 지우고 진짜 자신으로 돌아가는 몸짓이고 번짐이다. 작은 번짐이 세상을 밀고서 멀리로 번진다. 바래서 제 빛깔을 찾아가듯 그렇게 모든 존재가 번지고 번져서 세상과 조화를 이룬다. 빛이 서로 뒤척여서 우리 앞에 빛깔을 펼쳐놓는 것처럼.
강가에 오래도록 앉아 있었던 적이 있다. 가을이었다. 억새들은 누렇게 변했고, 노을이 시작되지도 않았는데 황금빛이 강물에 차 있었다. 강은 순간순간 세상의 빛을 보듬으며 변했다. 제 빛깔을 고집하지 않았고 잃지도 않았다. 억새의 빛도 제 몸에 담고, 하늘의 빛도 제 살에 채웠으며, 제 곁을 날아다니던 새들의 색도 제 안에 품었다. 끊임없이 주변의 존재와 어우러지며 자꾸만 빛을 포갰다. 강은 본래의 제 빛조차도 온전히 제 것이 아니라는 걸 알고 있었던 것 같다.

서로가 서로에게 번져서 더 아름다워지고 고와진다는 걸, 강물은 언제부터 알았을까? 내 마음이 당신에게로 번지고, 당신 것이 내게로 번져서 우리가 그토록 서로를 사랑했던 걸까?

나는 새로 채색된 단청을 좋아하지 않는다. 새 옷같이 어색하다. 강렬한 색채가 거부감을 느끼게 하는 건 물론이거니와 아무런 감흥도 주지 않는다. 요란스러웠던 내 젊은 날을 닮았다. 허나 시간이 흐르면서 생경하던 빛깔이 조금씩 자신을 낮추고 비워서 온전히 세상에 녹아들기 시작한다. 서로를 시간 속에 뒤섞는다. 위대한 시간은 인위적이지 않은 힘으로 낯선 것을 익숙한 것으로 만든다. 그러나 그 시간은 길고 느리다.

나라는 존재가 세상을 이루는 색 중 하나란 걸 믿는다. 저 희고, 붉은 색들 사이에 수천의 빛깔이 있음을 바랜, 바래어 가는 단청을 보며 알았다. 그렇게 나는 먼지 하나도, 작은 씨앗 한 톨도, 모래 알갱이 한 알도, 꽃잎 하나도, 막 돋아난 새싹도 세상을 이루는 색이라는 걸 이해하는 데 오랜 시간이 걸렸다.

당신이 빠지면 세상의 색도 달라진다. 다른 세상이 되는 것이다.

당신의 말 하나, 행동 하나가 미세하게 세상을 변화시키는 힘이란 걸 당신은 알고 있을까.

13

생의
봄
가운데서

바람은 황량히 볼을 스쳐 지나갔고, 나는 그의 부름을 들은 것마냥 더 깊고 깊은 숲 속으로 빨려 들어갔다.
걷는 동안은 눈치채지 못했다. 녀석이 숲에서 달아난 것을.

새 혓바닥같이 새초롬하게 돋아 있는 새싹을 보려고 걸음을 멈췄다. 그런데 뭔가 이상했다. 숱한 것들이 사는 이 숲에서 무언가 사라진 느낌이 들었다. 늘 지나다니던 골목길이 낯설게 느껴졌을 때와 비슷했다
종적을 감춘 존재가 뭔지 몰라 두리번거렸다. 그 순간 내 귀에 들어온 것은 낙엽과 맞닿아 사각거리는 내 발소리뿐이었다. 그제야 알아챘다. 사라진 실체가 숲의 소리라는 것을. 숲의 침묵이었다.
이 숲에 살던 모든 소리가 사라지고 없었다. 조금 전까지 옷깃 사이로 불어오던 바람은 멈췄고, 풀과 꽃과 벌레와 나무는 맹수 앞에 선 듯 숨죽였다. 이따금 허공을 가르던 낙엽송 이파리 하나도 떨어지지 않았다. 묘연한 소리의 행방이 궁금했다. 무엇이 심연의 바다나 진공의 우주와 같이 한 음절 소리도 내지르지 못하게 하는 것일까? 무엇이 두려웠던 것인지도 모른다. 가령, 나라는 낯선 타인.
소리가 사라지니 외로움이 몰려왔다. 숲은 망자의 땅처럼 무섭고 황량했다. 살아 있는 것으로 가득한 숲의 침묵은 이별을 앞둔 당신과 나 사이를 관통하던 고요보다 더 깊고 무겁고 차가웠다.

침묵하고 싶을 때가 있다.
숨소리 하나 내지 않고 그대로 삶을 멈추고 싶은 때가 있다.
살아 있는 건 소리를 낸다. 그러니 소리의 사라짐은 죽음처럼 섬뜩하게 나

를 멈춰 세운다. 잠든 당신에게서 숨소리가 들리지 않아 귀 기울여 소리를 더듬던 새벽녘이 떠올랐다. 나직이 들리는 숨결에 안도하며 모든 것들이 숨을 죽이는 새벽의 고요가 무섭다는 걸 깨달았다. 소리가 사라지면 낯선 두려움이 벌떡벌떡 일어선다.
숲은 한동안 소리와 움직임을 잃은 채로 가만히 있었다. 나는 바스락 소리라도 날까 그대로 숨죽이고서 모든 것이 돌아오길 기다렸다. 그렇게 지루한 시간이 흐른 뒤, 숨통이 트인 듯 소리가 봇물처럼 터져 나왔다. 다시 산 위에서 바람이 불어왔다. 꽃과 풀과 나무가 견디기 어려웠다는 듯 몸을 뒤척였고, 벌레들은 한꺼번에 안도의 울음을 내질렀다. 꾹꾹 숨겨 놓았던 소리가 한꺼번에 토하듯 몰려나오자 숲이 소란스러웠다. 나도 참았던 긴 숨을 내쉬었다. 생기를 되찾은 숲 속을 다시 걷는다. 발소리는 흙의 심연으로 빨려들었고, 길은 낯선 이의 발걸음을 돌려세우지 않고 더욱 더 깊은 숲으로 안내했다. 보들보들한 땅의 성정이 발바닥에 와 닿았고, 길은 그 누구도 받아주지 않던 생의 무게를 따스한 체온으로 무연히 받아 주었다.
문득, 어머니 품이, 그 품의 체온이 생각나지 않음을 깨닫는다. 이 길의 포근함과 닮지 않았을까 짐작할 뿐이다. 어째서 내 어머니의 품 안에 안겼던 기억이, 나눴던 체온이 숲이 소리를 잃듯 사라진 것인지 궁금해졌다.

숲은 서두르지 않고 서서히 연초록 빛깔로 옷을 갈아입는 중이다. 나무와 풀들은 도대체 어디에 저 어여쁜 잎을 감춰두었다가 해변의 폭죽처럼 연둣빛을 삐죽 내미는가. 계곡물은 여전히 몽롱한 눈빛과 얼음장인 몸으로, 오르는 것보다 내려가는 것이 어렵다는 듯 통명스러운 소리를 내며 낮은 곳으로 향했다. 그러나 그의 차가운 마음에도 희망이, 낮은 곳으로 흘러서 마주치게 될 새로운 삶에 대한 기대가 담겨 있을 것이다.
그때, 바위 위에 선 한 생명이 보인다. 굴을 박차고 나온 다람쥐는 잠에서 덜 깼는지 한자리에 꼼짝 않고 서 있다. 뭔가 찾고 있는 눈빛이기도 하다. 겨우내 꾸었던 지루한 꿈에서 깨어나 그토록 그렸던 누군가를 기다리는 것일까. '당신, 어디 있어요? 나 여기 있어요!' 하며.
그가 꼼짝도 않고 서 있는 이유를 알지 못한다. 바람에도, 인기척에도 미동 않는 그는 북극성처럼 한자리에 콱 박혀서 땅에 난 구멍이라도 막아 볼 심산이다. 봄에 이끌려 나왔으나 무엇부터 해야 할지 몰라 넋을 놓고 있는지도 모른다. 나는 이유도 없이, 목적도 없이 서 있는 그와는 다르다. 최소한 내게는 모든 것에 이유가 있어야 한다.
생은 우리를 왜 불러냈으며 무엇을 원하는 것일까? 이유가 있는지 없는지에 대해서는 아무도 모른다. 그저 온몸으로 생을 보듬어 즐기듯 살다 가면 그만이다. 그것이 제 생의 세계로 불려 나온 자가 할 수 있는 최선이자 최고의 태도다.

생에 대한 인식은 사소하게 다가와 사소하지 않은 문제를 제시한다. 그러나 생은 문제를 던져놓을 뿐 나 몰라라 한다. 우리가 알아서 해결하기를 바란다. 아무런 설명도 없이 이별만 통보하고 떠나는 애인처럼 그렇게 무심하다. 어떤 일이 벌어지든 당사자가 그 모두를 감내해야만 한다. 이별을 통보하고 삶과 헤어질 수도 없다. 싫어도 어쩔 수 없이 함께 살아가야 한다.
삶은 상실할 수 있는 것이 아니다.
다 밟고 가야지만 끝나는 긴 이야기다.

14

태워버릴 수 없다면 그대로 품을 것

바다가 부드러운 잇몸으로 뜨거운 불을 질근 깨물기 시작했다. 그때마다 바다의 몸은 피로 흥건했다. 탐닉하듯 뒤척이는 둘의 몸짓이 나를 끌어다 세웠다. 오늘을 잊은 채 홀연히 처음의 시간에, 끝없는 시작에. 내 몸은 갯벌에 덩그러니 서 있는 어선의 깃대처럼 펄럭거렸다.

불을 품고서 50억 년을 살아온 해는 항성이기에 단 한 번도 자신의 자리를 벗어난 적이 없다. 어쩌면 그건 그에게 가해진 가혹한 형벌인지 모른다.

백 년도 채 살지 못하는 인간이 저더러 진다거나, 꺼진다거나, 모습을 감춘다고 하여도 그는 묵묵히 그 자리에 있었다. 무엇에 사로잡혀 그토록 오래서 있었던 것이고 또 얼마나 더 그렇게 있어야 하는 걸까. 그의 몸은 고온의 기체로 된 둥근 불이면서도 고체보다 더 단단하다. 작은 행성인 지구가 저 뜨거운 항성에 사로잡힌 채 일 년에 한 바퀴씩 주변을 돈다는 명확한 사실이 오늘따라 무척이나 모호하고 불확실하게 느껴졌다. 언젠가 이 둘은 서로를 얽매고 있던 관계의 끈을 끊을 것이다. 헤어져야 할 때가 오면 비로소 놓아지듯이.

서로에게 행성인 당신과 나는 또 얼마나 쉬이 헤어졌던가.

시도 때도 없이 들끓던 감정도, 번잡하게 매달리던 상념도, 답도 없이 묻고 물어오던 질문들도 이 장엄한 빛의 화폭 앞에서는 가뭇없다. 빛의 산란이 빚어내는 현상이라거나, 일몰의 붉은빛이 먼 거리를 달려올 수 있는 긴 파장이라는 과학적 사실을 근거로 내놓는 건 부질없는 일이다. 해가 수평선 혹은 지평선 아래로 사라지는 것처럼 보이는 일몰의 전 과정이 여과 없이 내 안으로 흘러들어와 지리멸렬한 것들을 송두리째 휩쓸고 지나간다. 나라는 존재는 어쩌면 어둠 속으로 몰려가 자지러지는 빛이거나, 완전히 소멸된 뒤 다시 떠오를 빛일 것이다. 아니면, 어둠의 일부이거나 빛의 잔영일 수도 있다.

진실이 무엇이든 몰라도 괜찮다. 진실의 뒤편까지 다 캐봐야 머리만 아프다.

"해가 금방 졌네."

"순식간이지?"

"뚝! 뚝! 빗방울 떨어지듯이 황급히……."

"춥다. 그만 가자."

"봄인데도 춥다. 그치?"

"글쎄, 봄이 아닐지도 몰라."

"겨울이라고 해야 하나?"

불과 십여 분 전에 해변으로 온 젊은 커플은 해가 꺼지자마자 후다닥 자리를 박차고 일어났다. 돌아서 가는 저들은 과연 일몰의 시작과 끝을 본 사람일까. 해가 보이지 않는다고 일몰이 끝난 건 아니다. 사진작가에게 일몰의 골든타임은 일몰 전 삼십 분부터 일몰 후 삼십 분까지다. 세상을 붉게 물들이던 해가 지고 나면, 그 자리에 붉은빛이 잔잔히 스며들다가 금세 온 세상이 푸른빛에 휩싸인다. 그 찬란한 일몰의 광경을 끈기 있게 지켜보는 이는 드물다. 성냥불처럼 쉽게 붙고 쉽게 타버리는 시대적 속성 때문인가.

옅고 깊은 푸른빛, 그 빛 속에서 반짝이는 별들, 공간을 관통하여 지나는 바람, 모든 존재들의 내음이 농담처럼 가까워지고 아득해지는 시간을 탐지하지 못하고 모두들 검은 어둠에 몸을 감췄다. 해변은 깊은 적막에 휩싸였다. 그 순간 내게는 아무런 생각도 깃들지 않았다. 헛된 것들은 흩어졌고 예민한 감각과 촉수만이 저 푸른 빛깔 속으로 드리워졌다. 그와 동시에 모차르트의 「피아노협주곡 9번」이 떠올랐다. 풍경이 이 곡의 3악장처럼 대담하고 변화무쌍하다. 화려하고, 심각하고, 우아하고, 장엄하고, 섬세하고, 당당하게 연주되었다. 빛의 잔영은 어둠으로 빨려 들어가며 가볍게 전율하듯 흔들렸다. 나의 언어로는 도저히 묘사할 방법이 없는 한 편의 시다. 풍경은 애초부터 시였고 시의 재료였으니.

어둠이 짙어질수록 바람도 거칠어졌다. 바다를 타고 건너온 바람이 내륙으로 몰아쳤고, 온도는 곤두박질쳤다. 매섭게 추웠다. 삼월이 겨울이자 봄이라는 걸 잠시 잊었다. 챙겨온 따뜻한 캔 커피 두 개가 없었다면 성질 급한 남자와 여자를 따라 돌아서서 떠났으리라. 이미 바다와 하늘은 색으로는 구분되지 않았다.

무엇이 나를 붙잡고 있었던 걸까.

빛과 어둠이 서로의 자리를 바꾸며 빚어내는 세계라면 지겨울 정도로 봐 왔던 풍경이 아니던가. 붉은빛이 흔적도 없이 사라진 뒤에도 나는 한참을 더 순천 해룡면 와온리 해변에 서 있었다. 사그라지는 빛의 세계와 깊어지는 어둠의 세계가 어떤 경계로 구별되는 건 아니다. 빛과 어둠은 늘 같이 있다. 강도에 따라 슬쩍 뒤로 물러서거나 나설 뿐이다.

자리에서 일어섰다. 까만 어둠 속을 두 줄기 헤드라이트에 의지해 달린다.

멀리 불이 일렁거린다.
붉은 옷을 입은 무희들 같다. 가까이로 가보니 길 건너에서 누군가가 논두렁을 태우고 있다. 화염이 신명 나게 춤을 추고, 농부의 얼굴과 몸에도 불의 춤사위가 너울댄다. 논두렁 어깨 위에 올라탄 불의 환영들이 춤판을 벌이고, 어둠은 눈을 희번덕거린다. 움츠리고 기다렸다가 언제라도 달려들 것처럼. 내가 있는 쪽으로 바람이 불면서 뜨거운 열기가 끼쳐왔다. 불씨들은 하늘을 향해 맹렬히 솟구쳤다가 날개를 꺾고서 땅으로 추락했다. 열망으로 뜨거워졌던 몸이 이내 냉랭해져서는 길을 잃는다.
길에서 삶의 해답을 찾고자 했던 나처럼 그렇다.

불은 뜨거운 성질머리에 수만 가지 몸을 가졌다. 몸부림으로 생동하는 불은 말로써 이렇다 저렇다 할 수 있는 단순한 족속이 아니다. 불은 열정적으로 모든 것을 집어삼키는 파괴성과 자신 안으로 가져와 품는 따뜻한 성질을 모두 지녔다. 그 집요한 종족 번식의 욕망으로 불길을 옆으로 앞으로 뒤로 퍼뜨린다. 때로 불씨 하나가 훌쩍 뛴 걸음으로 옮아가지만 불을 지키는 농부의 검은 장화와 물에 죽임을 당한다. 달아날 방도를 찾는 불들이 이리 뛰고 저리 뛴다. 우리네 삶을 닮았다.

내 몸 안에서도 뜨거운 불길이 인다.

그 불이, 딱딱하게 굳어 내 안에 쌓인 신념과 관계, 상념을 그러모아 태운다. 어떤 것은 소리 내며 저항하고, 또 어떤 감정은 불길이 닿기도 전에 두 손을 번쩍 쳐들고 투항한다. 거세게 일었던 불은 닥치는 대로 태우며 절정으로 치달았다가 시들시들 약해진다. 하지만 내 안의 형체가 없는 상념들은 태워지지 않고 그대로다. 어쩌면 내 감정은 인정해야 할 무엇일 뿐 태울 수 있는 대상이 아닐지도 모른다.

그렇다, 인정해야 할 건 인정하는 것이 옳다. 강렬한 불로도 태울 수 없는 것이라면 순순히 받아들여야 한다. 불길이 인 곳이 내 안이니 내가 감당하고 품을 수밖에 없다. 제각기 다른 모양으로 타오르는 불길처럼 서로 다른 사람들의 모습 또한 인정해야 한다. 그렇게 서로 다른 우리가 이 세상의 구성원이 되어 살아가니까.

그러나 과연 나는 내 안의 모든 것,
나를 둘러싼 모든 관계를 안고서 뜨겁게 타오를 수 있을까?

15

주름진 그대의 손이

고와서

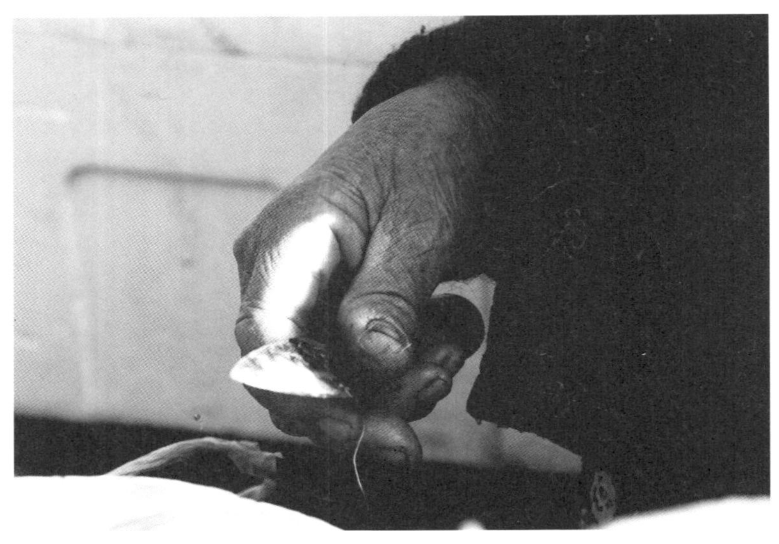

꽃은 만발했고, 그 꽃그늘에 장이 섰다.

꽃을 쫓아온 사람들로 지천인 장은 흥겹고 어수선하다. 기분 좋은 소란스러움이고 번잡함이다. 도시의 조급한 심성을 벗어난 시골만의 따스하고 별스러운 난장이며 숨결이다.

장은 삶의 신명과 애환이 한바탕 왁자지껄하게 펼쳐지는 해방구며, 사람과 사람의 온기와 정이 부딪혀 얼싸안는 광장이다. 팔팔 끓는 활기와 몸짓으로 그득한 현장에 서니 가슴이 슬슬 뛴다. 이렇게 가슴 뛰었던 적이 언제였는지 아득하다. 고운 얼굴의 당신과 다시 마주 서게 도면 푸석하게 굳어버린 가슴이 예전처럼 그렇게 요동치게 될까?

장터에 좌판을 벌인 건 늙은 아낙네들이다. 쪼그라든 궁둥이를 겨우 붙일 한 뼘 자리만을 차지하고 있다. 그녀들 앞에는 찌그러지고 낡은 함지박마다 귀한 봄나물과 지난해 말려두었던 나물들이 함초롬히 앉아 있다. 한가한 농번기라 심심풀이 겸 생계에 보탬이 될까 나온 것이리라. 지나가는 이가 누군지 관심도 없이 묵묵히 나물을 다듬는다. 이따금 고개를 들어 물끄러미 세상을 본다. 봄맞이 나온 이들을 보는 것인지, 휘날리는 매화를 보는 것인지 알 수 없는 시선은 무덤덤하다. 차마 뱉지 못한 사달라는 말의 눈빛일지 모른다.

나는 애써 그 눈빛을 외면한다.

삶의 신산함에 애절함이 켜켜이 포개진 눈빛이기에. 사고 싶은 마음은 굴뚝같으나 그것들을 사서 어찌할 방도가 없다. 썩 다가가 앉아 힘드시죠, 추우

시죠, 이 나물은 뭔가요, 하는 따위의 시원찮은 물음이나 던질 뿐 달리 도리가 없다. 그러니 나 같은 부류는 그녀들에게 도무지 도움이 안 된다. 슬쩍 그녀들의 손을 힐끔힐끔 훔친다. 노동의 시간이 더께처럼 켜켜이 쌓인 손이다. 주름은 삶의 날들만큼 무성하고 쌀쌀한 날씨에 살갗은 텄다. 나무토막이 저리 푸석할까. 여인의 손이라 믿기지 않을 만큼 거칠다. 그러나 정직한 손은 부끄러움을 내색하지 않는다. 거짓 없는 농부의 손에는 삶의 고단함이 새벽별처럼 촘촘히 박힌 채 빛나고 있다. 빛나는 그 손은 그녀들의 생활사가 낱낱이 기록된 생활기록부. 가장 높은 점수인 '수'로 가득한 삶의 기록들임을 나는 안다. 육신의 고단함 따위는 개의치 않고 오로지 가족을 위해, 자식을 위해 자신의 전부를 걸어버린 세상 모든 어머니들의 징표이다.

희고 고운 내 손이 괜히 부끄러워 얼른 호주머니 속에 감춘다. 세상의 모든 어머니들은 제 자식들이 힘들지 않게 살기를 바란다. 제 손이 다 뭉개지는 한이 있더라도 자식 손만큼은 희고 곱기를 원할 것이다.

평생을 땅에 기대어 살아온 농부의 아낙이니 치장은 귀한 날에나 부리는 호사다. 자식들 혼례나 오랜만의 서울 나들이 같은 때 서랍 깊은 곳에 모셔 두었던 옷을 꺼내어 차려입으리라. 어느 날 문득, 거울 속에서 세월의 흔적을 발견하고 깜짝 놀랐을까? 아직 청춘인 것 같은데 머리에 하얀 서리가 가득하니 말이다.

삶이란 그리 대단하지도, 요란스러운 것도 아니라는 듯. 하얀 서리를 맞은 그녀들은 느릿느릿 봄나물을 다듬는다. 서두름이 없다. 팔리면 좋고, 안 팔려도 그만인 듯 한갓진 몸짓이다. 한 세월을 벗이자 이웃으로 살아온 그녀들의 자식 자랑, 농사 이야기, 먹고사는 걱정, 몸이 성치 않다는 두려움, 겨울을 보낸 소소한 일상, 남편이 벌인 일의 뒷이야기까지 온갖 화제가 장터 속에 조용히 울려 퍼진다. 나는 한쪽에 비켜서서 그녀들이 나누는 이야기에 귀 기울인다.

장터로 나온 그녀들 손에 새겨진 주름 위로 봄날의 햇빛이 무참히 내려앉는다. 육신의 힘겨움 따위는 아무것도 아니라는 듯 그녀들의 표정 또한 오후의 햇살처럼 무심하게 사선으로 흩어진다.

'삶, 고것 별거 아니여.' 하는 장터 곳곳의 소란이
꽃가루 날리듯.
내 마음에 분분히 흩어졌다 가라앉는다.

16

물비늘의 춤은

느릴까, 빠를까

S 자 코스의 산굽이를 지나고 있다. 베이스캠프가 있는 해안 도시로 돌아가는 중이다. 이따금 숲 사이로 바다가 힐끔거렸고, 차는 달린다는 말이 무색할 지경으로 느렸다. 오늘은 거북이처럼 시간을 쓰고 싶었다. 토끼처럼 사는 인간에 비하면 나의 일 년이 그의 일 년과 같을 리 없다. 삶의 방식과 태도가 시간을 지배하는 법이니까.

분침이 시계 한 바퀴를 도는 동안 사람도, 자동차도 볼 수 없었다. 마치 유리병에 박제된 풍경 같았다. 이상하게도 텅 빈 길과 미동도 없이 정적에 휩싸인 세상은 포르말린에 방부된 이름 모를 동물처럼 생경했다. 뜨거운 열망이 순식간에 냉정해지는 걸 느낄 때처럼.

사람에 몰두했던 때가 있었다. 관계의 스펙트럼을 넓히려고 애가 닳던 시절이었다. 사람이 나를 성장시키고 능력을 발휘케 한다고 믿었다. 날마다 약속을 잡았고, 그들과 돈독해지기 위해 틈나는 대로 교류했다. 관계망은 하루가 다르게 부풀었고, 사람 수도 그만큼 기하급수적으로 늘었다. 늘어나면 날수록 약속이 비는 날이 없었고, 어쩌다 만남이 없는 날은 조바심이 났다. 사람에게서 잊힐까, 관계망이 훼손될까 두려웠다. 그렇게 관계의 노예가 되고 말았다. 관계가 뭐라고 그렇게 사람을 탐냈던 걸까?

여행을 다니면서 이 병을 치유했다.

누구나 태어나면서 사람 속에서 살아가야 한다. 어쩔 수 없이, 부득이하게. 그럼에도 때로는 사람 밖에 있어야 한다. 관계 밖에 있을 때서야 삶의 무늬가, 자신의 존재에 대해 미약하게나마 알게 된다. 나는 여전히 사람을 좋아하고 그들과 더불어 살아갈 수밖에 없다. 하지만 종종 그들의 세상 밖에 머물고 싶고, 외롭고 싶다. 그래서 나는 익숙한 관계로부터 일시적으로 결별을

하고 길을 떠났다.

그때마다 어디서 멈출지 모르는 바람이,
모든 생의 뿌리를 움켜쥐는 대지가,
속을 알 수 없는 바다가,
땅에 뿌리박힌 나무가,
언젠가 지고 말 꽃이
나에게 어렴풋이 말을 걸어왔다.

길 위에서, 나는 자유로웠다. 관계라는 단어를 붙일 필요도 없었다. 내 안에 단단하게 뭉쳐 있던 관계의 멍이 자연스레 풀어져 사라졌다. 의미 있다고 여겼던 것도 의미를 잃었다. 아니, 처음부터 의미가 없었는지도 모른다.

고불고불한 길의 안쪽으로 달리면 산 옆구리가 보였다가 그 반대가 되면 바다가 보였다. 그렇게 산과 바다가 번갈아 나타났다가 사라졌다. 이유도 없이 좋았다 싫었다 하던 이십 대의 어느 날 같았다. 도무지 기준도 없이 들쭉날쭉한 내 감정을 닮았다. 그래서 좋았다.
인적이 끊어진 길은 고요에 대해 나긋나긋한 침묵으로 말했다. 속도계는 변함없이 시속 삼사십 킬로미터 언저리에 머물렀다. 느린 속도는 핸들을 잡고 있는 내 의지다. 원하는 속도로 가고 있고, 다행히 뒤따르는 차도 없었다. 즐거워서 창밖으로 소리라도 지르고 싶었지만 고요가 내 용기를 자제시켰다. 룸미러에는 막 지나온 텅 빈 길이 나를 응시하고 있었고, 그 시선은 야심한 시각에 미친 듯이 질주하던 기억을 떠오르게 했다.

몇 해 전, 땅끝 해남에서 서울로 향하던 심야 시간. 졸음이 몰려왔고 어서 집으로 가 쉬고 싶었다. 그 욕망이 시속 이백 킬로미터가 넘는 속도로 고속도로를 달리게 만들었다. 위험한 질주는 감각과 근육을 긴장시켜서 오직 전방에만 몰두케 했다. 생각이나 졸음이 비집고 들어올 틈도 없는 속도였다. 몇 번의 아찔한 순간을 겪고 나서야 가속페달에서 발을 뗐다. 광폭한 속도로 달리도록 자동차를 채근하던 그때를 생각하면 지금도 무섭고 아찔하다.

더는 그러지 않을 것이다. 나 스스로의 욕망 혹은 세상의 기준에 맞춰 떠밀리듯 살고 싶지 않다. 더디게, 찬찬히 알 수 없는 낯선 세계로 흐르고 싶다. 누구나 원하는 삶의 방식이 있다. 제 몸이 어울리는 방식이 삶에 스밀 때 행복도 함께 스민다.
그러나 나는 어쩌자고 자꾸만 부여잡으려 하고 한자리에 가만히 있으려고 하는가. 꽃은 저리도 잘 내려놓고 부는 바람에 제 몸을 온전히 내맡기는데.

사람이란, 삶이란 역시 모를 무엇이다.

여수로 들어섰다. 화려한 불빛을 받은 선창 앞바다의 빛깔이 곱다. 울긋불긋 화사한 색이 물비늘에 겹겹이 겹쳐진다. 저 물비늘은 거북이처럼 느릴까, 나와 당신처럼 빠를까? 눈에 보이는 것이 전부가 아닐지도 모른다. 물비늘과 물속이 우리의 겉과 속만큼이나 다르지 싶다.

오늘은 느리게 일렁이는 저 물비늘처럼 나른해도 좋을 밤이다.

17

설불리 희망의 시를

읊지 않으리

사내는 바람처럼 집을 떠났다. 어디로 가는지, 언제 돌아오는지 한마디 말도 남기지 않은 채. 세월이 한참 흐르고 가족들은 그를 잊었다. 원래부터 없었다는 듯이. 그러던 어느 날, 제자리를 비웠던 사내가 늙은 모습이 되어 빈손으로 돌아왔다. 그날도 저 노란 산수유 꽃이 다부지게 피었다. 그는 떠난 적이 없었던 사람처럼 슬그머니 빈자리를 메웠다. 그의 늙은 여인도 아무 일 없었다는 듯, 그 긴 공백의 시간 동안 곁에 쭉 있었다는 듯 묵묵하게 받아들였다. 하물며 아낌없이 저녁상을 차려냈다. 자식들도 몇 마디 짧은 말로 제 아버지의 야속함을 탓했을 뿐 속으로는 안도의 숨을 내쉬었다. 어찌 되었건 다시 아버지가 생겼고, 외로워 보였던 어머니 곁에 나머지 생을 함께 걸을 동무가 생겼으니 말이다. 영영 돌아오지 않은 것이 있다면 그와 그녀의 젊은 날들과 사랑뿐이다. 젊은 날에 세웠을 희망 또한 허름해진 집만큼 너절해졌다.

버려져 허물어지고 있는 집을 보며 드라마 같은 진부한 스토리를 떠올린다. 누군가가 살았을 빈집은 활기를 잃은 채 입을 다물고 있다. 할 말을 잊은, 하고 싶은 말을 찾지 못한 사람처럼.

인위적인 것이든 그렇지 않은 것이든 시간 앞에 속수무책이지 않은 것이 없다. 사람의 온기와 생기가 사라진 집은 빠른 속도로 허약해지고 여기저기 병색이 완연해진다. 그렇게 제 할 일을 찾지 못하고 병이 들고 다리 힘이 풀려서는 시들하게 허물어져 땅으로 돌아간다. 원점으로 향한다.

원점으로 돌아간다는 건 다시 새롭게 시작할 수 있다는 뜻일까.

사람 손으로 세워진 것은 돌보는 손길이 사라지는 순간부터 자연의 힘에 의해 서서히 인위의 흔적을 지워낸다. 자연은 순리대로 거스름 없이 흐른다. 사람의 손길이 사라질수록, 덜 닿을수록 더 빠르게 제 몸을 회복한다.

붉게 녹슨 양철 지붕 위로 산수유 꽃이 말갛게 웃는다. 인위적인 것의 허약함을 비웃기라도 하듯. 저 말간 웃음 위로 오후의 봄 햇살이 따스하게 무너져 내린다. 내년에도 산수유 꽃은 흐드러지게 필 것이다. 무덤 속 같은 집은 지금보다 더 지워져, 자연에 가까워진 화사한 얼굴로 나와 만나게 될 것이다.

노란 산수유 꽃의 빛깔을 한 폭의 동양화처럼 품고 있는 지리산 아래 산동 마을에 갔을 때다. 허름하고 허술한 농가 한쪽을 지키고 선 산수유 꽃을 바라보고 있었다. 차분하게 가라앉은 농가의 고즈넉함과 발랄한 처녀 같은 노란 꽃이 어쩜 저리도 절묘하게 어우러질 수 있는가 싶었다. 그저 바라만 보고 있어도 가슴 설레었으나, 한편으로는 마음 한쪽이 찔리듯 콕콕 아파왔다. 도시의 삶이든 농촌의 삶이든 똑같다. 다르지 않다. 제아무리 번듯하다 하여도 삶은 우리가 내려놓을 수 없는 묵직한 멍에이자, 비속이 한바탕 뒹굴어 낳은 사생아처럼 슬픈 숙명이니 말이다. 그럼에도 저 노란 꽃처럼 밝게 빛나고 싶다. 말갛게 웃고 싶다.
하얀 이를 드러낸 햇살과 화사한 산수유 꽃이 빈집의 어둠과 슬픔을 밀쳐내는 듯하여 조금은 위안이 되었다. 삶이 처참하다 하여도 우리는 희망의 낟알을 심어야 하는 존재다. 치열하고 아득한 현실이라 할지라도 내게 주어진 삶의 의미를 발견하려고 부단히 노력해야 한다. 비록 그 삶이 상처투성이의 고단한 삶이 된다 할지라도…….

우리의 회복 방식도 자연을 닮았으면 좋겠다. 억지로나 부자연스럽지 않게 거스름 없이 에돌아, 때로 완곡하고 느리게 되찾아가기를 바란다.

그러니,
나는 섣부르게 희망의 노래나 시를 읊지 않을 것이다.

18

삶 너머에 감춰져 있는

진실을 볼 수 있다면

나는 전설의 다리를 밟고 서 있다.

관음보살을 알현하고자 백일기도에 들어간 스님이 있었다. 뜻을 이루지 못한 그가 절망하여 절벽으로 뛰어내리려는 순간, 홀연히 한 여인이 나타나 그를 구하고 사라졌다. 그는 그녀가 여인으로 모습을 바꾼 관음보살임을 깨닫고 원통보전을 세워 관음보살을 모시고 절 입구인 이곳에 다리를 놓았다. 바로, 내가 딛고 선 승선교에 얽힌 전설이다.

전설이라지만 불과 며칠 전에 벌어진 일 같다. 진실은 예상치 못하는 순간에, 다른 방식으로 우리에게 오는 불확실한 확실이며, 드러나지 않는 차원의 사실이다. 그러니 한 스님의 전설을 전설이 아닌 진실이라고 믿는 순간, 진실이 아닐 것도 없다.

원을 반으로 나눈 듯한 무지개 돌다리 위에 서서 쿵쿵 발을 굴렀다. 꿈적도 않았다. 정말 꿈적도 않는 걸까, 꿈적이는 걸 느끼지 못한 걸까.

불현듯 '돌다리도 두들기고 건너라!'는 말이 떠올랐다. 나는 이 말을 우습게 여겼다. 어떤 시대를 살아가고 있는데 하며 시큰둥해했고, 밥상 위에 오른 밥처럼 대했다. 그랬다. 젊은 날에는 도무지 세상을 분간하지 못하며 살았다. 그렇게 우쭐거리며 살다가 된통 당하고 나서야 지난날의 충고들이 진실에 가까운 말이란 걸 알게 되었다. 시큰둥하고 식상하다고 여긴 말들이 경험에서 우러나온 명쾌한 삶의 내공임을 뒤늦게 알았다 이제는 그렇게 무시하던 내가 얼마나 우스운지 모르겠다. 아무것도 모르면서 잘 안다고 믿으며 살았으니 말이다.

모든 일에 신중하라는 말을 귓등으로도 듣질 않았다. 행동으로 옮기기 전에 깊이 생각하고 판단하라는 옛 선현의 가르침에도 순간적인 판단과 편함만 좇아 성급히 결정하고 분별없이 행동했다. 그렇게 일을 망쳐왔다. 그럼에도 여전히 철부지고 멍충이다. 때로는 지나치게 신중해서 타이밍을 놓쳤다. 신중해도 탈이 나고, 섣불러도 탈이 난다.
삶이란 녀석은 도무지 종잡을 수가 없다. 제 마음대로다.

우리가 마주하게 되는 사건과 상황 대부분은 예상 가능하다. 그럼에도 아무 준비도 없이 넋 놓고 있다가는 호되게 당한다. 다가올 일들을 인식하여 단단히 대책을 마련한 이를 두고 준비된 사람이라 할 것이다. 한편 우리의 직관과 직감, 순간적이고 즉각적인 반응이 그 어떤 판단보다 정확할 때가 있다. 그러나 이러한 직관조차 풍부한 경험과 지식이 기초되어야만 제대로 작동한다. 완벽이란 피안처럼 가닿을 수 없는 거리에 있다. 그렇게 우리는 불완전한 요인들에 둘러싸여서 살아간다.
식상하다 여겼던 말에 이제 겨우 귀 기울인다. 아직 늦지 않았다. 우리 모두 삶이라는 길에 서 있으니.
몸을 던지려 했던 스님처럼 절실할 때 삶의 해법이 모습을 드러낼지 모른다.

산사로 오르는 이른 아침, 차고 날카로운 공기가 폐부 깊숙이 들어왔다. 몸이 파르르 떨렸다. 살아 있음을 느끼는 순결한 시간이다. 밤새 그 순결함을 지켜낸 존재들이 긴 어둠을 무사히 지났음을 안도하며 기지개 켜는 아침. 그러나 아직 햇살이 스미지 않은 이른 시각의 숲길은 창백하다.
길은 단단하지만 보드랍고, 차가운 공기는 죽비가 되어 흐리멍덩하던 정신의 어깻죽지를 때린다. 숲의 청량한 향기는 풀어 헤쳐져 엉망이던 머릿속을 평온하게 가라앉힌다. 평소에는 읽히지도 않고 읽을 수도 없던 느낌과 감정이 내 안으로 들어와 존재의 심연을 조심스레 건드린다. 우리가 그토록 찾아 헤매다가 포기하는 순간에도 삶의 진실은 곁에 있는 법이다. 그저 곁에 있어도 모를 뿐이다. 포기하기에는 너무 이르다, 아직 살아 있으므로.

마음과 정신이 열려 있으면 세상의 신호가 들린다. 꽉 닫혀 있는 동안에는 나나 당신이나 귀머거리고 앞을 보지 못하는 장님과 다름없다. 눈을 뜨고도 앞을 보지 못하는 사람을 두고 '당달봉사'라 했다. 이제 눈만 뜰 것이 아니라 마음의 눈까지 크게 열고 싶다.

맑은 눈으로 내 앞을 명료하게 들여다본다면 삶 너머에 감춰져 있는 진실을 온전히 읽어내고 볼 수 있을 것이다.

세상에 길들여지지 않은 낯선 시선으로.
새벽 공기처럼 깨끗한 마음의 눈으로.

19

결코, 익숙해지지 않는 것들

마을과 산이 물에 잠겨 있다.

파랗고 빨간 머리로 염색한 집들, 노란 꽃을 물고 선 나무들, 싱그러운 높이로 솟은 대나무 숲과 뒤를 든든히 받치고 있는 산이 물에 비친다. 마을은 작지만 저수지의 반영은 답답한 눈을 시원하게 할 만큼 컸다. 산동면 계천리 현천마을은 산수유로 유명한 산동마을 건너편에 마주하고 있다.
도착해보니, 바지런한 사진작가 몇이 삼각대에 카메라를 받쳐놓고 수다를 떨고 있다. 물에 담긴 마을은 화르르 이는 불길처럼 흔들거렸다. 바람은 부드러웠지만 아주 멈춘 것은 아니어서 저수지는 간지럽다는 듯 몸을 흔들었다. 멋진 반영 사진은 바람 한 점 없는 날에만 오는 법이다. 바람은 내가 존재하기 전부터 그렇게 불고 다녔으니 내가 뱉어낸 아쉬움은 그이 앞에서 맥을 추지 못했다.

하늘은 푸르고 날은 푸근한데 바람은 어디서 오는 것이며, 무엇을 흔들려고 저리 부는지 궁금했다.
내 안에 부는 바람에 대해서조차 모르는 내게 그 물음은 너무나 우주적이다.

모두들 카메라 앞에서 떠나지 못하고 바람이 잦아들기만 기다렸다. 시간이 제법 흘렀지만 멈출 기미가 보이지 않았다. 바람이 약해진 틈을 노려 필름 카메라로 몇 컷을 찍고 삼각대를 접었다. 마을이나 구경하자 싶어 자리에서 일어나니 곁에 앉아 있던 나이 지긋한 분이 제 일행에게 소리를 질렀다.
"오늘은 글렀어. 가자고."

"혹시, 멈추지 않을까요?"

"한번 불기 시작한 바람이 멈추기는 어려운 법이지. 날이 바뀌면 모를까. 여기 현천마을이 고즈넉하니 좋으니 좀 둘러보고 가자고. 아직까지 옛 모습이 많이 남아 있는 곳이니."

한 소대쯤 되는 무리가 골목 안으로 바람처럼 몰려갔다. 오래된 골목의 정적 때문인지 발소리와 말소리가 과장되게 부풀려졌다. 확성기라도 가져다 댄 듯 소란스러워져 괜히 미안스러웠다.

옛 정취가 골목 군데군데에 오래된 표식처럼 서 있다. 따스한 온기가 그득해서 허술한 살림살이임에도 누추하게 보이지 않았다. 잊고 있던 지난 삶이 지금 삶보다 좋다는 호의마저 들었다. 낮은 담 너머로 익숙한 듯 낯선 풍경이 내 유년 시절의 공간과 겹쳐졌다. 그때 그와 마주쳤다.

그의 입술은 달싹거리지도 않았고 초점 없는 눈은 무심하게 문밖을 응시하고 있다. 그에게서 생의 의지조차 희미해져 무감각한 표정과 눈빛으로 살고 있는 내가 어른거렸다.

그의 일상이 단순해 보였다. 무료하거나 지루하다는 뜻이 아니라, 불필요하고 과잉된 것을 거둬낸 삶으로서의 단순함이 느껴졌다. 몇 가구 되지 않는 이웃의 발소리와 목소리는 모두 외고 있을 것이다. 낯설지 않은 그 소리는 어느덧 제 목소리를 듣듯 일상화된 익숙함이다. 짐승의 야성은 퇴화되어 줄어든 꼬리뼈처럼 의식의 두꺼운 껍질 안으로 숨어버렸다. 삶에 관심도 잃은 그는 한 무리의 낯선 소란에도 무관심하다. 그의 반응에 당황하는 건 오히려 내 쪽이다.

마을은 꾸벅꾸벅 졸고 있다. 유채색으로 변하는 세계이서도 물끄러미 내다보는 그의 시선만은 여전히 무채색이다. 꼬리를 흔들지도, 경계하며 짖지도 않는다. 녀석에게 있어 '낯섦'이란 단어는 사전에서 벌써 삭제되었거나, '익숙함'이란 단어와 동일어가 되었는지도 모른다. 아니면, 낯선 것과 익숙한 것을 구별하지 않는 무심함의 경지에 이르렀던지.
조금만 낯설거나 환경이 달라져도 안절부절못하고 긴장의 날을 세우는 나와 다르다. 내 것과 네 것을 구분 짓고, 내 것을 지키려는 강렬한 의지가 고요한 삶의 방식에 의해 어느덧 소멸된 건 아닐까. 그의 시선으로 세상을 본다면 어떤 편견과 차별도 없이 있는 그대로의 존재를 바라볼 수 있을지 모른다. 저렇듯 무심하고 담백한 시선이라면.

태어나 산다는 건 감사한 일이다. 삶이 삶다워지는 방법은 분명 간단명료하다. 치열하게 살되 무엇에 집착하거나 경쟁하지 않는 것이다. 타인이 아니라 자신의 욕망과 집착, 이기심을 경계해야 한다.
나는 진짜 나일까, 타인은 나와 완전히 별개인 존재일까? 물 밖의 세상보다 물에 비친 세상을 새롭다고 여기며 사진을 찍는 우리는 자꾸 '낯선 것', '다른 것'을 지향하면서도 어째서 익숙한 쪽으로 마음과 몸이 기우는 것일까?

익숙한 것에 매달리지 않아도 좋을 텐데 자꾸 그러고 있다.
낯섦도 곧 익숙한 것이 될 텐데 말이다.

20

바람아 흔들어라,

나는 괜찮다,

괜찮다

바람 편에 당도한 오늘.
여행의 마지막 날이다.

첫 문장의 시작과 같은 설렘과,
시간의 눈금을 들췄던 아련한 쉼표와,
연필로 꾹 눌러 찍은 마침표가 여행이란 시간 속에 다녀갔다.

24시간 문을 여는 해장국집에서 마지막 아침을 먹는다. 집으로 돌아가는 일이 예정에 없었던 일처럼 낯설고 불편하게 느껴진다. 그러나 나는 알고 있다. 집으로 돌아가는 것도 여행의 일부라는 것을. 현관문을 열고 익숙한 집에 들어서는 순간, 마침내 힘겹게 들고 있었던 여행의 마침표를 내려놓을 수 있다는 것을. 그 순간에 도달해야지만 여행은 아득한 추억의 일부로 자리 잡을 수 있다는 것을.
이제 마침표만 찍으면 되는데, 찍고 싶기도 하고 그렇지 않기도 하는 감정이 숟가락 위에 얹혔다.
지난 한 달간 나는 길에 있었다. 길은 집이면서 집이 아니었고, 안식이면서 안식이 아니었다. 안으로 둥글게 말려 있던 생각을 풀어헤치는 시간이면서 비워진 자리에 마음을 다시 단단히 뭉치는 행위이기도 했다. 낯선 길이 비로소 낯설지 않게 되었을 때 위대한 길은 내 마음을 다독였다. 이제 돌아가야 한다, 익숙한 사람과 공간과 일상이 기다리고 있는 곳으로.

길과 그 길에서 마주했던 것들은 오래지 않아 잊혀지고, 잃어버리리라. 그토록 중요하다 믿었던 것들을 까맣게 잊고 있었듯이. 그러나 내 삶의 여기저기에서 그들과 다시 마주칠 것이며, 나는 환한 미소로 반길 것이니.

와락 먹장구름이 펼쳐졌다.
하늘이 변덕을 부린다. 시꺼먼 구름이 펼쳐져서 골목으로 앉으려는 햇살의 길을 막아선다. 시꺼먼 심보가 담벼락 밑까지 내려앉으니 그렇지 않아도 옹색하고 우울하던 골목은 더 검은 낯빛이다. 조금 전까지 걸었던 들판과 강둑, 숲길에서 보았던 화사함은 온데간데없다. 햇살이 없으니 슬쩍 불어오는 바람에도 몸을 움츠려야 할 만큼 찬 기운이 스민다. 골목은 어느새 바람길이다.
새처럼 초라한 어깨를 접은 채 바람이 인도하는 대로 낯선 골목으로 떠밀리듯 걸었다. 며칠 전부터 마지막 날의 마지막 공간은 자연이 아니라 사람 사는 마을이었으면 좋겠다고 생각했다. 그래서 예정에 없이 작고 낯선 마을로 슬쩍 들어섰다.

생각이 멸종된 길을 바람의 손을 잡고 따랐다.

바람아 흔들어라, 나는 괜찮다, 괜찮다.
바람이 잦아들자 달뜬 처녀의 볼처럼 꽃이 휘황하다. 바람이 숨을 죽이자 세상도 일순 침묵한다. 정적은 세상 모든 시선을 꽃으로 돌려 세우고 자신은 가뭇없이 사라진다. 부끄러운지 꽃의 볼이 붉어진다, 내 마음도 따라 붉어진다.

다시 바람이 분다. 바람아 흔들어라, 나는 괜찮다, 괜찮다.

어디에 핀들 어떨까. 자신이 선 자리보다 어떤 모습으로 서 있는지가 중요하다. 꽃이 꽃다움으로, 사람이 사람다움으로써 존재의 진정성과 의미를 증명해내는 것이 얼마나 아름다운가. 존재의 '다움'으로 서 있다면 존재는 어디에 있든 처음의 모습을 잃지 않는다.

꽃, 나무, 사람, 풀, 새, 다람쥐, 바람, 나비, 달과 별에게도 장소는 중요하지 않다. 어디에 사느냐 혹은 존재하느냐는 이들의 본질을 평가하는 기준이 아니다. 삶의 터로 타인을 섣부르게 평가하지 않게 되길 소망한다.

새초롬했던 꽃잎도 잔잔히 흔들린다. 골목으로 들어서기 전에 이미 어둡다며 돌아서는 이들도 있었을지 모른다. 그러나 이정표에 '막다른 길'이라 쓰여 있다 하더라도 끝까지 가볼 일이다. 급하게 등을 보이며 돌아가는 이에게는 골목 안에 핀 꽃을 볼 기회가 없으니.

바람아 흔들어라.

삶의 균형을 찾아서 떠날 시간이 도래했으니. 그 길에서 무엇을 만날지 모르고, 무엇을 버리거나 채우게 될지 아무도 모르니. 그럼에도, 막다른 골목 가장 안쪽까지 들어가보듯 그리 가보면 어떠리.

바람아 흔들어라.

나는 괜찮다,

괜찮다.

다음 계절에는 당신의 손을 잡고

저 길을 바람처럼, 햇살처럼 떠나보리라.

삶은, 풍경이라는 거짓말

글·사진 | 김기연

초판 1쇄 발행 | 2014년 9월 11일

펴낸이 | 신난향
편집위원 | 박영배
펴낸곳 | (주)맥스교육(맥스미디어)
출판등록 | 2011년 08월 17일(제321-2011-000157호)
주소 | 서울특별시 서초구 논현로 83 삼호물산빌딩 A동 4층
전화 | 02-589-5133(대표전화)
팩스 | 02-589-5088
홈페이지 | www.maksmedia.co.kr

편집이사 | 이성주
기획·편집 | 이수연 김경애 최정미
디자인 | 김기연
영업·마케팅 | 이일권 김찬우
경영지원팀 | 장주열
인쇄 | 삼보아트

ISBN 979-11-5571-144-6 03810
정가 13,800원